CAMINO A LA ABUNDANCIA

DESBLOQUEA TU MÁXIMO POTENCIAL EMPRENDEDOR

Escrito por Javier Cordero

CAMINO A LA ABUNDANCIA

Título: Camino a la Abundancia. Desbloquea tu Máximo Potencial Emprendedor

Autor: Javier Cordero

ISBN: 9798340816146

Sello: Independently published

Tipo: Tapa Blanda

Copyright 2024 © Todos los derechos reservados

Fecha de la primera publicación: 21 de septiembre de 2024

Términos Legales y Descargo de Responsabilidad

Reservados todos los derechos. Salvo excepción prevista por la ley, no se permite la reproducción total o parcial de esta obra, ni su incorporación a un sistema informático, ni su transmisión en cualquier forma o por cualquier medio (electrónico, mecánico, fotocopia, grabación u otros) sin autorización previa y por escrito del autor. La infracción de dichos derechos conlleva sanciones legales y puede constituir un delito contra la propiedad intelectual. Prohibida la reproducción total o parcial de este libro. Prohibida la exhibición de este libro en cualquier plataforma digital sin autorización del autor. Este libro profesional ha sido escrito con el único propósito de aportar información de valor. Todo el esfuerzo que se ha volcado en su creación ha sido riguroso y completo. Toda esta información está actualizada hasta el día de su publicación. El propósito de este libro es simplemente educar. No se ofrecen consejos financieros ni de inversión. No se puede garantizar que esté 100% completo ni de errores u omisiones. El uso que le dé a este libro es bajo su propia responsabilidad. Compartir, vender, reproducir total o parcialmente este libro profesional está completamente prohibido. En el caso de que citara una parte de este debe anunciar claramente la fuente de dónde proviene esa información. Para cualquier duda o consulta puede escribirnos a hola@javiercordero.com y con mucho gusto le responderemos.

CAMINO A LA ABUNDANCIA

AGRADECIMIENTOS

CAMINO A LA ABUNDANCIA

Escribir este libro ha sido una travesía transformadora, y no habría sido posible sin el apoyo y la inspiración de tantas personas increíbles que me han acompañado en este camino. Este capítulo está dedicado a todos aquellos que, con sus palabras, gestos y ejemplo, han iluminado mi vida y me han ayudado a construir este proyecto con propósito.

Primero, quiero agradecer profundamente a mi pareja, por su apoyo incondicional y amor constante. Gracias por creer en mí incluso cuando yo dudaba, por ser mi ancla en los momentos de tormenta y por celebrar cada paso hacia adelante, por pequeño que fuera. Tu paciencia, comprensión y fe en mí han sido una fuente constante de fuerza. Este libro no existiría sin tu apoyo emocional y tus innumerables sacrificios para que yo pudiera concentrarme en esta obra.

A mi familia, por enseñarme desde temprana edad los valores que hoy guían mi vida: el esfuerzo, la humildad y el amor. A mis padres por ser mis primeros mentores y mostrarme que, con trabajo y dedicación, cualquier sueño es posible. A mis hermanos, por ser mi pilar de confianza, mis cómplices en cada aventura y mis mejores amigos en la vida. Sus palabras de aliento, su ejemplo y su sabiduría han sido invaluables. Este libro es un reflejo de lo que me enseñaron: que la verdadera abundancia nace del amor y el apoyo familiar.

A mis amigos, quienes me han acompañado a lo largo de este viaje emprendedor. Gracias por estar ahí, por las charlas profundas que me ayudaron a clarificar ideas, y por los momentos de risas y desconexión que me devolvieron la energía. Amigos que han sido compañeros incansables, siempre listos para ofrecer su consejo honesto y su presencia cuando más lo necesitaba. Valoro cada conversación, cada café y cada instante compartido. La riqueza de la amistad es uno de los tesoros más valiosos que la vida me ha dado.

No podría escribir este libro sin mencionar a aquellos referentes que, aunque algunos nunca los conocí personalmente, cambiaron el curso de mi vida. Sus libros, conferencias y enseñanzas fueron chispas que encendieron en mí el deseo de seguir adelante, de superar obstáculos y de ver la abundancia como algo alcanzable. Su legado de sabiduría y generosidad ha sido un faro en mi camino y espero, algún día, dejar una huella tan profunda como la suya.

A todos los emprendedores cuyas historias me han inspirado profundamente. Desde los grandes nombres que transformaron industrias hasta aquellos emprendedores anónimos que día tras día, con resiliencia y pasión, luchan por sacar adelante sus sueños. Sus experiencias, sus caídas y su perseverancia me han mostrado que el éxito no es lineal y que la verdadera abundancia se encuentra en el aprendizaje continuo. Sus logros me han enseñado que la abundancia no se trata solo de recursos materiales, sino de la capacidad de crear un impacto positivo en el mundo.

Y, por último, pero no menos importante, quiero agradecer a ti, que tienes este libro en tus manos. Este proyecto está pensado para inspirarte, para recordarte que la abundancia es posible cuando desbloqueamos nuestro máximo potencial. Es mi deseo que cada palabra en estas páginas te acerque un poco más a tus sueños y te impulse a superar cualquier barrera que encuentres en tu camino. Gracias por permitirme ser parte de tu viaje emprendedor.

En definitiva, este libro es el resultado del apoyo, el amor, y la inspiración de muchas personas. Estoy profundamente agradecido por cada palabra de aliento, cada conversación significativa y cada gesto de generosidad que he recibido en este viaje. Que la abundancia que me han mostrado se multiplique en sus vidas, porque el verdadero éxito es aquel que compartimos con quienes nos rodean.

Gracias de todo corazón.

TABLA DE CONTENIDOS

Agradecimientos 7

Capítulo 1. Introducción a la Abundancia 13

Capítulo 2. El Poder de la Mente 25

Capítulo 3. Gratitud y Prosperidad 35

Capítulo 4. Visualización y Manifestación 43

Capítulo 5. Establecimiento de Metas 55

Capítulo 6. Planificación Estratégica 67

Capítulo 7. Trabajo Constante y Disciplina 79

Capítulo 8. El Poder de las Relaciones 89

Capítulo 9. Comunicación Efectiva 99

Capítulo 10. Abundancia y Espiritualidad 111

Capítulo 11. Meditación y Abundancia 121

Capítulo 12. Mantener la Abundancia 133

Capítulo 13. Legado y Abundancia 145

Capítulo 14. Ejercicios Adicionales 155

Recursos Recomendados 159

Historias Inspiradoras 163

Últimas Palabras 175

Sobre Javier Cordero 179

CAPÍTULO 1. INTRODUCCIÓN A LA ABUNDANCIA

CAMINO A LA ABUNDANCIA

En un mundo donde la competencia es feroz y las oportunidades parecen escurridizas, muchos emprendedores se encuentran atrapados en una carrera sin fin, buscando la fórmula mágica para alcanzar el éxito. Este libro nace de la necesidad de ofrecer una guía práctica y profunda para quienes desean trascender los límites tradicionales del emprendimiento y alcanzar un nivel de éxito que vaya más allá de lo económico.

Este libro no es solo un manual de estrategias empresariales, ni un compendio de técnicas de ventas. Es un viaje hacia el descubrimiento de tu verdadero potencial, hacia la comprensión de que la abundancia no es solo un destino, sino una forma de vivir y de pensar. Aquí, la abundancia se define como un estado mental y espiritual, una sinergia entre tu pasión, tus valores y la manera en que te enfrentas al mundo.

A lo largo de estas páginas, exploraremos las claves para liberar el poder interior que yace en cada emprendedor. Desde cómo redefinir tu visión de éxito hasta cómo superar los miedos que te frenan, este libro te proporcionará las herramientas necesarias para construir un negocio que no solo sea próspero, sino también alineado con tu propósito de vida.

Entenderás que el camino a la abundancia no es lineal, y que, aunque esté lleno de desafíos, cada uno de ellos es una oportunidad para crecer y aprender. Este libro está diseñado para acompañarte en cada paso del viaje, ofreciéndote inspiración, conocimiento y, sobre todo, la confianza para saber que tú eres capaz de desbloquear tu máximo potencial.

Prepárate para transformar no solo tu negocio, sino también tu vida. La abundancia está al alcance de quienes se atreven a buscarla, y este libro será tu guía en ese camino. ¡Bienvenido a una nueva era de posibilidades infinitas!

¿QUÉ ES LA ABUNDANCIA?

La abundancia es un concepto que va más allá de la mera acumulación de riquezas o recursos materiales. En su esencia, la abundancia es un estado mental y espiritual que reconoce la plenitud y la posibilidad infinita en todos los aspectos de la vida. No se trata simplemente de tener más dinero, bienes o éxito externo, sino de cultivar una mentalidad y un enfoque de vida que ve el mundo como un lugar lleno de oportunidades, donde todo lo que necesitas para prosperar ya está disponible o puede ser creado.

Para los emprendedores, la abundancia significa operar desde una perspectiva donde no existen limitaciones insuperables, sino desafíos que pueden ser convertidos en oportunidades. Es la convicción de que el éxito no es un juego de suma cero, donde el triunfo de uno implica la pérdida de otro, sino que hay suficiente para todos y que el crecimiento de uno puede contribuir al bienestar general.

COMPONENTES CLAVE DE LA ABUNDANCIA

Mentalidad de Abundancia

Es la base sobre la cual se construye todo lo demás. Es creer que siempre hay más que suficiente para todos y que el universo está lleno de posibilidades ilimitadas. Para ti, emprendedor, esta mentalidad significa ver oportunidades donde otros ven obstáculos y tener la confianza en que, con esfuerzo, ingenio y perseverancia, se pueden alcanzar las metas más ambiciosas.

Gratitud

La gratitud es fundamental para cultivar la abundancia. Al agradecer lo que ya tienes, abres la puerta para recibir más. Es reconocer y valorar tanto las pequeñas como las grandes bendiciones en la vida, lo que a su vez, atrae más cosas positivas. Esto significa apreciar cada éxito, cada lección aprendida y cada conexión hecha en el camino.

Generosidad

La abundancia no es solo para uno mismo; es algo que se expande cuando se comparte. Los emprendedores que adoptan una mentalidad de abundancia tienden a ser generosos con su tiempo, conocimientos y recursos, entendiendo que al elevar a otros, también se elevan a sí mismos.

Creación y Manifestación

La abundancia también se trata de ser consciente de tu capacidad para crear y manifestar tus deseos. Implica tener una visión clara de lo que quieres y tomar acciones coherentes hacia esa visión. Ser proactivo, tomar riesgos calculados y estar dispuestos a innovar.

Resiliencia y Adaptabilidad

En un mundo en constante cambio, la abundancia también se manifiesta en la capacidad de adaptarse y superar los desafíos. La resiliencia es la capacidad de recuperarse de las dificultades, mientras que la adaptabilidad permite ajustar estrategias y enfoques cuando es necesario, manteniendo siempre la vista en el objetivo final.

La verdadera abundancia se refleja en la forma en que vivimos y operamos en el mundo. Un emprendedor que adopta la abundancia ve cada día como una nueva oportunidad para aprender, crecer y contribuir. Esta perspectiva positiva no solo impulsa el éxito personal, sino que también crea un impacto positivo en el entorno, inspirando a otros a hacer lo mismo.

La abundancia es una fuerza poderosa que impulsa a los emprendedores a alcanzar el éxito, no solo en términos de logros financieros, sino en la creación de una vida rica en propósito, conexiones significativas y contribuciones duraderas. El camino hacia la abundancia radica en cultivar y mantener esta mentalidad, aplicándola con consistencia y corazón en cada aspecto del emprendimiento y la vida.

EL MITO DE LA ESCASEZ VS. LA MENTALIDAD DE ABUNDANCIA

En el camino hacia la abundancia, uno de los mayores obstáculos que los emprendedores pueden enfrentar es la creencia en el mito de la escasez. Este mito es una perspectiva limitante que sostiene que los recursos son finitos y que el éxito es un bien escaso, disponible solo para unos pocos. La mentalidad de escasez sugiere que, para que una persona tenga éxito, otra debe perder. Esto genera una competencia feroz y, a menudo, destructiva, donde la cooperación y el crecimiento mutuo se ven como amenazas en lugar de oportunidades.

El mito de la escasez se manifiesta de muchas formas en la vida de un emprendedor:

Miedo a Perder

Los emprendedores que operan desde una mentalidad de escasez temen perder lo que tienen, ya sea clientes, ingresos o reconocimiento. Este miedo puede llevar a decisiones basadas en la protección y el control, en lugar de la innovación y el crecimiento.

Competencia Destructiva

Creer que el éxito es limitado genera una competencia intensa y a menudo negativa. En lugar de colaborar con otros, se busca superar a los competidores a toda costa, incluso si eso significa comprometer la ética o la calidad.

Enfoque en las Limitaciones

La mentalidad de escasez se centra en lo que falta en lugar de en lo que está disponible. Los emprendedores que creen en este mito se ven atrapados en la falta de recursos, tiempo o apoyo, y no pueden ver las posibilidades que tienen ante ellos.

Ansiedad y Estrés

Operar desde una mentalidad de escasez crea un estado constante de ansiedad y estrés, ya que siempre existe la sensación de que no hay suficiente: *no hay suficiente dinero, tiempo, clientes o éxito.*

Por el contrario, la mentalidad de abundancia es una forma de pensar que reconoce la plenitud y las infinitas posibilidades en la vida y en los negocios. Para los emprendedores, adoptar una mentalidad de abundancia significa ver el mundo como un lugar lleno de oportunidades, donde el éxito de uno no disminuye las posibilidades de otro. Es una forma de pensar que se basa en la confianza, la colaboración y el crecimiento mutuo.

Confianza en las Oportunidades

La mentalidad de abundancia parte de la creencia de que siempre habrá nuevas oportunidades, clientes, recursos y formas de innovar. En lugar de centrarse en lo que falta, los emprendedores con esta mentalidad se enfocan en lo que pueden crear y en las posibilidades que tienen a su disposición.

Colaboración en Lugar de Competencia

En lugar de ver a otros emprendedores como competidores que deben ser superados, la mentalidad de abundancia promueve la colaboración. Los emprendedores entienden que al trabajar juntos, pueden crear más valor para todos, impulsando el éxito colectivo.

Innovación Constante

Con una mentalidad de abundancia, los emprendedores no se limitan por lo que tienen en el presente. Están dispuestos a tomar riesgos, innovar y explorar nuevas ideas, sabiendo que el éxito es una cuestión de creatividad y persistencia.

Paz Mental y Satisfacción

Una mentalidad de abundancia reduce la ansiedad y el estrés, ya que elimina el miedo constante de perder o no tener suficiente. Los emprendedores que piensan en términos de abundancia se sienten más seguros, satisfechos y capaces de disfrutar el viaje, no solo el destino.

TRANSFORMANDO LA MENTALIDAD: DE LA ESCASEZ A LA ABUNDANCIA

El primer paso para transformar la mentalidad de escasez en una de abundancia es reconocer y cuestionar las creencias limitantes que sostienen el mito de la escasez. Es necesario reemplazar estos patrones de pensamiento con una visión más amplia y optimista del mundo.

Cambiar el Enfoque

En lugar de centrarse en lo que falta, los emprendedores deben aprender a enfocarse en lo que tienen y cómo pueden aprovecharlo. Esto incluye valorar sus talentos, recursos y conexiones, y buscar activamente formas de expandir sus oportunidades.

Practicar la Gratitud

La gratitud es una herramienta poderosa para cultivar una mentalidad de abundancia. Agradecer lo que ya tienes, en lugar de lamentar lo que te falta, abre la mente a ver más oportunidades y a atraer más éxito.

Fomentar la Colaboración

La colaboración no solo beneficia a los emprendedores individualmente, sino que también fortalece la comunidad empresarial en general. Al compartir conocimientos, recursos y apoyo, los emprendedores pueden alcanzar un éxito mayor del que podrían lograr solos.

Visualizar el Éxito

Visualizar lo que deseas lograr es una práctica clave en la mentalidad de abundancia. Al imaginar tu éxito, refuerzas la creencia de que es posible y comienzas a atraer las circunstancias necesarias para hacerlo realidad.

En conclusión, el mito de la escasez es una trampa mental que limita el potencial de los emprendedores, llevándolos a un ciclo de miedo, competencia destructiva y ansiedad. Sin embargo, al adoptar una mentalidad de abundancia, los emprendedores pueden liberarse de estas limitaciones y abrirse a un mundo lleno de posibilidades, innovación y colaboración. En este contexto, "Camino a la Abundancia" no solo te revela los pasos para alcanzar el éxito, sino que también te desafía a cambiar tu perspectiva, adoptando una visión que no solo te permitirá prosperar, sino también contribuir al éxito y bienestar de los demás.

POR QUÉ ESTE LIBRO ES NECESARIO PARA LOS EMPRENDEDORES

En el competitivo mundo del emprendimiento, el éxito no se logra únicamente a través de habilidades técnicas, estrategias de mercado o inversiones financieras. Aunque estos elementos son cruciales, hay un factor aún más poderoso y subestimado que puede determinar tu éxito a largo plazo: *tu mentalidad.*

"Camino a la Abundancia" es un libro esencial para cualquier emprendedor porque aborda precisamente este aspecto crítico del éxito, ayudándote a desarrollar una mentalidad que no solo te permitirá alcanzar tus metas, sino también superar los desafíos con resiliencia y creatividad.

Transforma tu Mentalidad Para Lograr el Éxito

Muchos emprendedores se ven atrapados en el mito de la escasez, una mentalidad que limita tus posibilidades al hacerte creer que los recursos, las oportunidades y el éxito son escasos. Este libro te ayudará a desbloquear tu verdadero potencial al enseñarte cómo adoptar una mentalidad de abundancia. Con este cambio de perspectiva, comenzarás a ver oportunidades donde antes veías obstáculos, a encontrar soluciones creativas en lugar de enfocarte en las limitaciones, y a operar desde un lugar de confianza y optimismo.

Supera los Desafíos con Resiliencia y Adaptabilidad

El camino del emprendedor está lleno de desafíos y reveses. Lo que separa a los exitosos de los que abandonan no es la ausencia de problemas, sino la resiliencia y la adaptabilidad frente a ellos. "Camino a la Abundancia" te enseñará cómo desarrollar estas cualidades clave, para que puedas enfrentar cualquier adversidad con una actitud positiva y flexible. Aprenderás a ver cada desafío como una oportunidad de crecimiento y a transformar los fracasos en lecciones valiosas que te impulsarán hacia adelante.

Cultiva Relaciones y Colaboraciones que Potencien tu Negocio

El éxito en los negocios no se logra en solitario. Este libro te mostrará cómo una mentalidad de abundancia te permite construir relaciones significativas y colaboraciones estratégicas que pueden multiplicar tu impacto. Al adoptar esta mentalidad, dejarás de ver a otros emprendedores como competidores y comenzarás a verlos como aliados, creando un entorno en el que todos podáis prosperar. Esta perspectiva colaborativa no solo enriquecerá tu negocio, sino que también contribuirá al crecimiento de tu comunidad empresarial.

Integra la Espiritualidad y la Gratitud en tu Vida Empresarial

A menudo, los emprendedores se centran tanto en los resultados tangibles que olvidan la importancia de la espiritualidad y la gratitud en su vida empresarial. "Camino a la Abundancia" te enseñará cómo integrar estos aspectos en tu día a día, ayudándote a mantener una perspectiva equilibrada y a encontrar satisfacción y paz en cada paso del camino. Al practicar la gratitud y conectar con algo más grande que tú mismo, no solo atraerás más éxito, sino que también disfrutarás de un bienestar emocional y espiritual que te sostendrá en los momentos difíciles.

Mantén y Expande tu Éxito a Largo Plazo

Lograr el éxito es solo una parte del viaje; mantenerlo y expandirlo es el verdadero desafío. Este libro te proporcionará estrategias y herramientas para no solo alcanzar el éxito, sino para sostenerlo a largo plazo. Aprenderás cómo evitar el autosabotaje, mantenerte enfocado en tus metas y seguir cultivando una mentalidad de abundancia que te permitirá continuar creciendo y evolucionando, tanto en lo personal como en lo profesional.

Desbloquea una Fórmula Probada Para el Éxito Integral

"Camino a la Abundancia" no es solo otro libro de autoayuda; es un manual práctico y motivador que destila años de experiencias, lecciones y principios en una fórmula accesible que cualquier emprendedor puede aplicar. Con ejercicios prácticos, ejemplos inspiradores y estrategias efectivas, este libro te guiará paso a paso hacia la creación de una vida y un negocio prósperos.

Como emprendedor, estás en una búsqueda constante de herramientas y conocimientos que te ayuden a alcanzar el éxito. Sin embargo, para lograr un verdadero y duradero éxito, necesitas más que solo habilidades técnicas; necesitas la mentalidad adecuada. "Camino a la Abundancia" es el libro que te proporcionará esa mentalidad, transformando tu enfoque hacia los negocios y la vida. Leer este libro no solo es necesario, es fundamental para todo emprendedor que aspira a alcanzar su máximo potencial y dejar un legado significativo en el mundo.

CONSEJOS PARA UTILIZAR Y DESARROLLAR EL CONTENIDO DEL LIBRO

Este libro está diseñado no solo para inspirarte, sino para proporcionarte herramientas prácticas y estrategias efectivas que te ayudarán a alcanzar el éxito en tu emprendimiento y en tu vida personal. Para sacar el máximo provecho de este libro, aquí tienes algunos consejos clave para utilizar y desarrollar el contenido de manera efectiva:

Consejo 1. Lee con una Mente Abierta

La mentalidad con la que te acerques al contenido de este libro es fundamental. Aborda cada capítulo con una mente abierta y dispuesta a cuestionar tus creencias actuales. La mentalidad de abundancia es una práctica que requiere flexibilidad y disposición para adoptar nuevas perspectivas. Permítete explorar conceptos que puedan desafiar tus ideas preexistentes y estar listo para integrar nuevos enfoques en tu vida.

Consejo 2. Aplica los Conceptos de Manera Práctica

Cada capítulo ofrece principios y estrategias que van más allá de la teoría. Para que estos conceptos realmente transformen tu vida, es crucial que los pongas en práctica. Tómate el tiempo para hacer los ejercicios prácticos y reflexiona sobre cómo cada concepto puede aplicarse a tu situación específica. La verdadera transformación ocurre cuando aplicas el conocimiento de manera consistente y deliberada.

Consejo 3. Establece Metas Claras y Accionables

Al integrar las enseñanzas del libro en tu vida, establece metas claras y alcanzables. Utiliza las herramientas proporcionadas para definir lo que deseas lograr y traza un plan de acción concreto para alcanzar estas metas. Recuerda que las metas deben ser específicas, medibles, alcanzables, relevantes y con un límite de tiempo (SMART). Establecer metas claras te ayudará a mantenerte enfocado y motivado.

Consejo 4. Mantén un Diario de Reflexión

Un diario es una herramienta poderosa para el crecimiento personal y profesional. Mantén un diario de reflexión donde puedas registrar tus pensamientos, insights y progreso mientras aplicas los conceptos del libro. Reflexionar sobre tus experiencias y registrar tus aprendizajes te permitirá hacer ajustes necesarios y seguir avanzando hacia tus objetivos.

Consejo 5. Busca y Crea Comunidades de Apoyo

El camino hacia el éxito no tiene que ser solitario. Conecta con otros emprendedores que estén interesados en desarrollar una mentalidad de abundancia y alcanzar el éxito. Busca comunidades de apoyo, grupos de discusión o mentores que puedan ofrecerte orientación, inspiración y feedback. Compartir tus desafíos y éxitos con otros te ayudará a mantenerte motivado y a obtener perspectivas valiosas.

Consejo 6. Revisa y Ajusta Regularmente

La implementación de una mentalidad de abundancia es un proceso continuo. Revisa regularmente tu progreso y ajusta tus estrategias según sea necesario. No te desanimes si no ves resultados inmediatos; la persistencia es clave. Utiliza los principios del libro para evaluar tu situación actual, celebrar tus logros y realizar cambios que te acerquen a tus objetivos.

Consejo 7. Celebra Tus Logros y Agradece el Progreso

Reconocer y celebrar tus éxitos es fundamental para mantener una mentalidad positiva y motivada. Celebra cada logro, grande o pequeño, y agradece el progreso que has hecho. La gratitud no solo fortalece tu mentalidad de abundancia, sino que también te impulsa a seguir avanzando con energía y entusiasmo.

Consejo 8. Mantén la Mentalidad de Crecimiento

Finalmente, recuerda que la mentalidad de abundancia está profundamente ligada a la mentalidad de crecimiento. Siempre hay espacio para aprender, crecer y mejorar. Mantente curioso y abierto a nuevas oportunidades, y sigue invirtiendo en tu desarrollo personal y profesional.

Lo que vas a descubrir en este libro tiene el potencial de transformar tu vida y tu negocio. Sin embargo, el verdadero impacto se logra cuando te comprometes a aplicar estos principios y estrategias de manera activa y deliberada. Utiliza estos consejos para aprovechar al máximo el contenido del libro y emprender un viaje de crecimiento y éxito que te llevará a nuevas alturas. ¡Tu camino hacia la abundancia comienza aquí y ahora!

> "La abundancia no es solo un destino, es el resultado de caminar cada día alineado con tu propósito, creyendo en tu poder y tomando acción con confianza. El verdadero emprendedor desbloquea su máximo potencial cuando entiende que la abundancia es una forma de ser, no solo de tener."

CAPÍTULO 2. EL PODER DE LA MENTE

CAMINO A LA ABUNDANCIA

En el mundo del emprendimiento, una de las herramientas más poderosas que posees no es tu capital, tus contactos o incluso tus habilidades técnicas, sino tu mente. La forma en que piensas y las creencias que sostienes sobre ti mismo, tu negocio y el mundo que te rodea, tienen un impacto profundo en los resultados que obtienes. Esta es la esencia de lo que llamamos la mentalidad de abundancia.

Tu mente es el motor que impulsa cada acción que tomas y cada decisión que haces. Es el filtro a través del cual percibes las oportunidades, los desafíos y las posibilidades en tu vida. Si crees que el mundo está lleno de limitaciones, que los recursos son escasos y que el éxito es para unos pocos afortunados, entonces esas creencias se manifestarán en tu realidad. Vivirás en un estado constante de lucha, miedo y ansiedad, sintiendo que siempre falta algo, que nunca es suficiente.

Pero, ¿qué pasa cuando cambias ese enfoque? ¿Qué ocurre cuando decides creer en la posibilidad infinita, en la abundancia que el universo tiene para ofrecer? Aquí es donde el poder de la mente se revela en todo su esplendor.

CÓMO NUESTRAS CREENCIAS AFECTAN NUESTRAS REALIDADES

Nuestras creencias actúan como un programa interno que dicta cómo interpretamos y respondemos a cada situación. Si crees que mereces el éxito, que eres capaz de superar cualquier obstáculo y que hay suficiente para todos, empezarás a ver evidencias de ello en tu vida diaria. Esta es la base de la mentalidad de abundancia: *la creencia inquebrantable de que el éxito no es una cuestión de suerte, sino de mentalidad.*

La mentalidad de abundancia te permite operar desde un lugar de confianza, creatividad y generosidad. En lugar de enfocarte en lo que te falta, comienzas a ver y apreciar todo lo que tienes. Esta gratitud, a su vez, te abre a recibir aún más. Tu mente, programada con creencias positivas y expansivas, empieza a atraer personas, recursos y oportunidades que están alineadas con tu visión de éxito.

Por el contrario, una mentalidad de escasez te mantiene atrapado en un ciclo de miedo y limitación. Creer que no hay suficiente para todos te lleva a actuar desde la desesperación, la competencia desmedida y el estrés constante. Esta mentalidad restringe tu capacidad de ver soluciones creativas, de colaborar con otros y de arriesgarte a innovar.

TRANSFORMANDO TU MENTALIDAD

La buena noticia es que puedes cambiar tu mentalidad. No importa cuáles sean tus creencias actuales, siempre puedes reprogramar tu mente para alinearla con una mentalidad de abundancia. Este cambio comienza con la autoconciencia: *identificar las creencias limitantes que te están frenando y reemplazarlas con creencias que te impulsen hacia adelante.*

Empieza por observar tus pensamientos diarios.

- ¿Estás más enfocado en lo que te falta o en lo que tienes?
- ¿Te sientes amenazado por el éxito de otros o te inspiras por ello?
- ¿Tomas decisiones basadas en el miedo o en la confianza?

Estas preguntas te ayudarán a identificar si estás operando desde una mentalidad de escasez o de abundancia.

Una vez que hayas identificado las creencias limitantes, trabaja en transformarlas. Utiliza afirmaciones positivas, practica la gratitud diaria y rodéate de personas que también crean en la abundancia. Con el tiempo, estos nuevos patrones de pensamiento se arraigarán en tu mente, transformando no solo la forma en que piensas, sino también los resultados que obtienes.

La mentalidad de abundancia no es solo un concepto abstracto; es una práctica diaria que requiere intención y esfuerzo. Sin embargo, los beneficios son incalculables. Al transformar tu mentalidad, transformarás tu realidad. Comenzarás a operar desde un lugar de poder, creatividad y confianza, atrayendo hacia ti todo lo que necesitas para alcanzar el éxito.

Recuerda, tu mente es el recurso más valioso que tienes como emprendedor. Al cultivar una mentalidad de abundancia, no solo te abrirás a nuevas oportunidades, sino que también crearás un negocio y una vida que reflejen la plenitud y el propósito que deseas. ¡El poder de la abundancia está en tus manos, y todo comienza con cómo eliges pensar!

IDENTIFICAR Y SUPERAR TUS CREENCIAS LIMITANTES

Las creencias limitantes son como sombras invisibles que se interponen entre tú y el éxito que deseas alcanzar. Estas creencias son pensamientos profundamente arraigados que, aunque a menudo no somos conscientes de ellos, condicionan nuestra visión del mundo y de lo que creemos posible. Para los emprendedores, estas creencias pueden ser especialmente perniciosas, ya que limitan la capacidad de tomar riesgos, innovar y aprovechar oportunidades. Superarlas es fundamental para desbloquear todo tu potencial y operar desde una mentalidad de abundancia.

Las creencias limitantes son ideas que hemos aceptado como verdades absolutas, aunque en realidad son solo percepciones que hemos aprendido a lo largo del tiempo. Estas creencias suelen originarse en experiencias pasadas, mensajes recibidos durante la infancia, o incluso en la cultura y sociedad en la que vivimos. Frases como *"no soy lo suficientemente bueno"*, *"no tengo lo que se necesita para tener éxito"*, *"en mi país no se puede prosperar"* o *"el dinero es difícil de ganar"* son ejemplos comunes de creencias limitantes que pueden frenar el progreso de un emprendedor.

Estas creencias actúan como un filtro a través del cual vemos el mundo, determinando lo que creemos que podemos y no podemos hacer. Si bien es natural tener dudas e inseguridades, dejar que estas creencias gobiernen nuestras decisiones puede llevarnos a un ciclo de autosabotaje, donde nos mantenemos en nuestra zona de confort por miedo a fracasar.

CÓMO IDENTIFICAR TUS CREENCIAS LIMITANTES

El primer paso para superar las creencias limitantes es identificarlas. Aquí hay algunas estrategias que puedes utilizar para descubrir las creencias que podrían estar frenando tu éxito:

Escucha tu Diálogo Interno

Presta atención a los pensamientos que cruzan tu mente cuando enfrentas un desafío o una nueva oportunidad. *¿Te dices a ti mismo que* *no eres capaz? ¿Que el éxito es para otros, pero no para ti?* Esos pensamientos son indicios de creencias limitantes.

Observa Tus Patrones de Comportamiento

¿Hay áreas de tu vida o negocio en las que sientes que siempre te estás quedando corto? Estos patrones recurrentes pueden ser señal de que una creencia limitante está en juego. Por ejemplo, si siempre te detienes justo cuando estás a punto de lograr un gran avance, podrías estar saboteándote debido a una creencia de que no mereces el éxito.

Analiza Tus Reacciones Emocionales

Las emociones intensas, como el miedo, la ansiedad o la frustración, a menudo están conectadas a creencias limitantes. Si una situación particular provoca una reacción emocional fuerte, es probable que haya una creencia subyacente que esté causando esa respuesta.

Pregúntate "¿Por Qué?"

Cuando te encuentres dudando de ti mismo o evitando una oportunidad, pregúntate por qué te sientes así. Continúa preguntándote *"¿por qué?"* hasta que llegues a la raíz del problema. Este proceso puede ayudarte a descubrir la creencia limitante que está en el fondo.

¿Por qué te sientes así? >> ¿Y por qué? >> ¿Y por qué? >> ¿Y por qué? ... Hasta llegar a la razón principal y causante de tu obstáculo.

CÓMO SUPERAR LAS CREENCIAS LIMITANTES

Identificar tus creencias limitantes es solo el primer paso; lo más importante es superarlas. Aquí te presento algunas estrategias efectivas para transformar esas creencias y reemplazarlas con una mentalidad de abundancia:

Cuestiona la Veracidad de la Creencia

Una vez que hayas identificado una creencia limitante, pregúntate:

"¿Es realmente cierta?". Examina la evidencia que respalda esa creencia. En la mayoría de los casos, descubrirás que no es más que una percepción equivocada, basada en un evento o experiencia que no define tu realidad actual.

Reemplaza la Creencia con Afirmaciones Positivas

Cada vez que identifiques una creencia limitante, crea una afirmación positiva que refleje la realidad que deseas. Por ejemplo, si tu creencia limitante es *"No soy lo suficientemente competente para dirigir un negocio exitoso"*, reemplázala con *"Soy plenamente capaz y tengo las habilidades necesarias para liderar un negocio exitoso"*. Repite estas afirmaciones diariamente para reprogramar tu mente.

Visualiza tu Éxito

La visualización es una herramienta poderosa para superar creencias limitantes. Imagina vívidamente cómo sería tu vida sin esa creencia. Visualízate alcanzando tus metas y experimentando el éxito. Al hacerlo, comienzas a reprogramar tu subconsciente para que acepte nuevas posibilidades.

Rodéate de Influencias Positivas

Las personas con las que te rodeas pueden reforzar o desafiar tus creencias limitantes. Busca rodearte de individuos que te inspiren, te apoyen y te motiven a pensar en grande. Su mentalidad positiva y de éxito puede ayudarte a reforzar tus nuevas creencias.

Toma Acción a Pesar del Miedo

Una de las formas más efectivas de superar una creencia limitante es tomar acción, incluso cuando sientas miedo o dudas. Cada pequeño paso que tomas hacia tu objetivo es una prueba de que esa creencia limitante es incorrecta. Con el tiempo, a medida que acumules éxitos, la creencia limitante perderá todo su poder.

Superar las creencias limitantes es un proceso continuo, pero es uno de los aspectos más transformadores del camino emprendedor. Al liberar tu mente de estas restricciones autoimpuestas, abres la puerta a un mundo de posibilidades ilimitadas. Desarrollar una mentalidad de abundancia te permitirá no solo alcanzar tus metas, sino también disfrutar del proceso, aprendiendo y creciendo con cada experiencia.

Recuerda, lo que crees determina lo que creas. Es hora de liberarte de las cadenas de las creencias limitantes y dar el primer paso hacia una vida y un negocio verdaderamente abundantes.

EJERCICIOS PARA REPROGRAMAR TU MENTE HACIA LA ABUNDANCIA

El éxito en los negocios y en la vida no es solo una cuestión de estrategias y acciones; comienza en la mente. Para un emprendedor, la mentalidad es el cimiento sobre el cual se construye todo lo demás. La buena noticia es que, si bien nuestras creencias y pensamientos pueden estar condicionados por experiencias pasadas o influencias externas, nuestra mente puede ser reprogramada para alinearse con la abundancia y el éxito.

A continuación, te presento una serie de ejercicios prácticos diseñados para ayudarte a transformar tu mentalidad y abrirte a un mundo de posibilidades infinitas.

Ejercicio 1. Afirmaciones Diarias de Abundancia

Las afirmaciones son declaraciones positivas que refuerzan la creencia en la abundancia. Repetidas con regularidad, tienen el poder de reprogramar tu subconsciente, ayudándote a reemplazar pensamientos limitantes con creencias expansivas.

Ejercicio: Cada mañana, antes de comenzar tu día, repite en voz alta o escribe en un diario afirmaciones que refuercen la abundancia. Algunas afirmaciones poderosas que puedes utilizar incluyen:

"Estoy rodeado de oportunidades infinitas y prosperidad en todas las áreas de mi vida."

"Atraigo éxito, riqueza y felicidad con cada pensamiento y acción."

"El universo está siempre a mi favor, brindándome todo lo que necesito para prosperar."

Dedica al menos cinco minutos a este ejercicio, sintiendo genuinamente la verdad detrás de cada afirmación. Con el tiempo, notarás un cambio en tu forma de pensar y en cómo percibes las oportunidades.

Ejercicio 2. Visualización Creativa

La visualización es una técnica poderosa que te permite imaginar tu éxito futuro con tanta claridad que tu mente comienza a creerlo como una realidad presente. Esta práctica no solo te motiva, sino que también alinea tus pensamientos y acciones hacia la realización de tus metas.

Ejercicio: Encuentra un lugar tranquilo donde puedas relajarte sin interrupciones. Cierra los ojos y comienza a visualizar tu vida ideal como emprendedor.

Imagina en detalle cómo se ve tu negocio exitoso: *tus clientes satisfechos, el impacto que estás creando, las recompensas financieras, y la satisfacción personal que sientes.*

Involucra todos tus sentidos. *¿Qué ves, escuchas, sientes, y hueles en este escenario de abundancia?*

Practica esta visualización diariamente durante al menos diez minutos. Al hacerlo, estarás enviando un mensaje claro a tu mente sobre lo que deseas atraer y crear en tu vida.

Ejercicio 3. Gratitud Intencional

La gratitud es una herramienta fundamental para atraer más de lo que deseas en la vida. Cuando te enfocas en lo que ya tienes, envías un mensaje al universo de que valoras y aprecias la abundancia presente, lo que a su vez abre la puerta para recibir aún más.

Ejercicio: Al final de cada día, dedica unos minutos a reflexionar sobre al menos tres cosas por las cuales te sientes agradecido. Esto puede ser cualquier cosa, desde logros importantes en tu negocio hasta pequeños momentos de alegría.

Escribe estas cosas en un diario de gratitud. A medida que practicas la gratitud intencional, comenzarás a notar un cambio en tu perspectiva, donde tu enfoque se desplaza de lo que te falta a lo que ya posees.

Para intensificar este ejercicio, trata de encontrar gratitud incluso en los desafíos, reconociendo cómo estos te están ayudando a crecer y avanzar hacia tus metas.

Ejercicio 4. Reprogramación de Creencias Limitantes

Todos tenemos creencias subconscientes que nos limitan, como *"No soy lo suficientemente bueno"* o *"El dinero es difícil de conseguir"*. Identificar y reemplazar estas creencias es crucial para alinear tu mente con la abundancia.

Ejercicio: Tómate un tiempo para identificar las creencias limitantes que pueden estar bloqueando tu camino hacia la abundancia. Pregúntate: *¿Qué pensamientos recurrentes negativos tengo sobre el éxito, el dinero o mi capacidad para lograr mis metas?*

Una vez que identifiques una creencia limitante, formula una nueva creencia positiva que la reemplace. Por ejemplo, si tu creencia limitante es "El dinero es escaso", reemplázala con "El dinero fluye hacia mí con facilidad y abundancia".

Cada vez que notes que la creencia limitante aparece en tu mente, conscientemente reemplázala con la nueva creencia positiva. Repite esta nueva creencia varias veces al día, hasta que comience a convertirse en tu pensamiento dominante.

Ejercicio 5. Meditación Guiada Para la Abundancia

La meditación es una práctica poderosa para calmar la mente y enfocarte en tus intenciones de abundancia. Con la meditación guiada, puedes entrenar a tu mente para que se sintonice con las vibraciones de la prosperidad y el éxito.

<u>Ejercicio:</u> Encuentra una meditación guiada específica para la abundancia, que te guíe a través de visualizaciones y afirmaciones positivas. Existen muchas disponibles de manera gratuita en sitios webs y redes sociales.

Dedica de 10 a 20 minutos diarios a esta práctica, preferiblemente en un momento del día en el que te sientas relajado.

Durante la meditación, permite que los pensamientos de abundancia fluyan libremente, sintiendo cómo cada célula de tu cuerpo se llena de posibilidades y prosperidad.

Reprogramar tu mente hacia la abundancia es un proceso continuo que requiere dedicación y práctica. Estos ejercicios te ayudarán a cultivar una mentalidad expansiva y positiva, que te permitirá ver oportunidades donde antes veías limitaciones, y atraer hacia ti todo lo que necesitas para alcanzar el éxito como emprendedor. Recuerda que la verdadera abundancia comienza en tu mente, y al entrenarla, estás dando el primer paso hacia una vida llena de prosperidad y realización.

"El poder de tu mente es el mayor recurso que tienes como emprendedor; aquello en lo que enfocas tus pensamientos, es lo que creas y manifiestas en tu realidad."

CAPÍTULO 3. GRATITUD Y PROSPERIDAD

CAMINO A LA ABUNDANCIA

En el camino hacia el éxito, uno de los conceptos más poderosos y transformadores que un emprendedor puede adoptar es la gratitud. A menudo subestimada, la gratitud es mucho más que un simple sentimiento; *es una fuerza generadora que tiene el poder de abrir puertas, atraer oportunidades y, en última instancia, crear una vida próspera.*

La gratitud nos invita a enfocarnos en lo que ya tenemos, en lugar de obsesionarnos con lo que nos falta. Este cambio de perspectiva es fundamental para desarrollar una mentalidad de abundancia. Cuando reconocemos y apreciamos las bendiciones y logros, por pequeños que sean, comenzamos a vibrar en una frecuencia que atrae más de lo que deseamos: *más éxito, más oportunidades, y más recursos.*

La prosperidad, en este contexto, no se limita a la acumulación de riquezas materiales. Es un estado de plenitud y bienestar que abarca todos los aspectos de la vida: desde la satisfacción personal y las relaciones significativas, hasta la realización profesional y el impacto positivo en el mundo. La prosperidad verdadera es el resultado de una mentalidad de abundancia que se nutre de la gratitud.

Al practicar la gratitud de manera consciente, transformas tu experiencia diaria, cultivando una actitud positiva que no solo mejora tu calidad de vida, sino que también impulsa tu éxito como emprendedor. Es en este estado de agradecimiento donde la prosperidad florece, y donde el camino hacia tus metas se vuelve más claro y accesible.

En las siguientes páginas, exploraremos cómo la gratitud puede ser una herramienta poderosa en tu caja de herramientas emprendedora, y cómo, al adoptar esta actitud, puedes crear un flujo constante de prosperidad en tu vida y negocio. ¡Prepárate para descubrir cómo algo tan simple como la gratitud puede ser la clave para desbloquear la abundancia que siempre has deseado!

LA IMPORTANCIA DE LA GRATITUD EN LA CREACIÓN DE LA ABUNDANCIA

La gratitud tiene el poder de desbloquear puertas que parecían cerradas. Al enfocarte en lo que ya tienes y apreciar las bendiciones presentes en tu vida, te abres a recibir aún más. Este cambio en el enfoque tiene un impacto profundo en la manera en que atraes y creas abundancia.

Redefinir la Perspectiva

Practicar la gratitud te permite cambiar tu perspectiva de lo que falta a lo que está presente. En lugar de centrarte en lo que no tienes, la gratitud te ayuda a reconocer y valorar lo que ya has logrado y recibido. Este cambio de enfoque no solo eleva tu estado de ánimo, sino que también te proporciona una base sólida para construir más.

Aumentar la Energía Positiva

La gratitud actúa como un imán para la positividad. Cuando te concentras en lo que agradeces, generas una energía positiva que atrae más situaciones, personas y oportunidades que resuenan con ese mismo nivel de vibración. Esta energía positiva es esencial para crear y mantener una mentalidad de abundancia.

Fortalecer las Relaciones

La gratitud es una herramienta poderosa para fortalecer relaciones, tanto personales como profesionales. Al expresar agradecimiento sincero a tus colaboradores, clientes y seres queridos, construyes una red de apoyo sólida y leal. Estas relaciones no solo enriquecen tu vida, sino que también pueden abrir puertas a nuevas oportunidades y colaboraciones que impulsan tu éxito.

TÉCNICAS DE GRATITUD DIARIA PARA ATRAER MÁS ÉXITO

Integrar la gratitud en tu vida diaria no requiere de rituales complicados; se trata de hacer de la gratitud un hábito consciente. Aquí te muestro algunas prácticas efectivas para cultivar una actitud de gratitud que puede potenciar tu camino hacia la abundancia:

Diario de Gratitud

Dedica unos minutos cada día para escribir en un diario las cosas por las que estás agradecido. Este ejercicio te ayudará a enfocarte en lo positivo y a reconocer las pequeñas victorias diarias, creando una mentalidad de abundancia continua.

Agradecimiento en Tiempo Real

Practica el agradecimiento en el momento, especialmente durante situaciones desafiantes. Al enfrentar obstáculos, toma un momento para agradecer las lecciones y oportunidades que estos desafíos te brindan. Esta práctica te ayudará a mantener una perspectiva positiva y a encontrar el valor en cada experiencia.

Expresión de Gratitud

No te limites a sentir gratitud; exprésala. Envía notas de agradecimiento, haz llamadas o simplemente di "gracias" a aquellos que han impactado tu vida y tu negocio de manera positiva. La expresión de gratitud no solo fortalece tus relaciones, sino que también crea un ciclo de generosidad y aprecio que te rodea.

Impacto a Largo Plazo de la Gratitud

La gratitud tiene un impacto duradero en tu vida y en tu negocio. No solo te ayuda a construir una base sólida de abundancia, sino que también fomenta una mentalidad de crecimiento y resiliencia. Al mantenerte enfocado en lo que aprecias, te preparas para recibir más de lo que deseas, creando un ciclo virtuoso de prosperidad.

Al adoptar la gratitud como una práctica diaria, no solo mejorarás tu bienestar personal, sino que también potenciarás tu capacidad para atraer y manifestar el éxito en todos los aspectos de tu vida. La gratitud es el puente entre el reconocimiento de lo que ya tienes y la creación de lo que deseas. Es la clave que desbloquea la abundancia y te guía en tu camino hacia un éxito significativo y duradero.

En resumen, la gratitud no es solo un complemento en la búsqueda del éxito, sino una parte esencial de la misma. Apreciar lo que tienes, reconocer las bendiciones y expresar agradecimiento son prácticas que no solo enriquecen tu vida, sino que también te colocan en una posición óptima para recibir aún más. Comienza hoy mismo a incorporar la gratitud en tu vida y observa cómo se transforma tu camino hacia la abundancia.

HISTORIAS DE EMPRENDEDORES QUE TRANSFORMARON SU VIDA CON GRATITUD

A continuación, te presento historias inspiradoras de emprendedores que han utilizado la gratitud para transformar sus vidas y alcanzar el éxito que una vez les parecía inalcanzable.

La Historia de Sarah: de la Quiebra a la Prosperidad

Sarah, una emprendedora que inició su propio negocio de diseño de interiores, enfrentó desafíos financieros significativos. Tras una serie de malas inversiones y decisiones empresariales, se encontró al borde de la quiebra. Desesperada y sintiéndose perdida, Sarah decidió incorporar la gratitud en su vida diaria. Comenzó a mantener un diario en el que anotaba tres cosas por las que estaba agradecida cada día, desde las pequeñas bendiciones hasta los momentos de apoyo recibido.

A medida que Sarah cultivaba una actitud de gratitud, comenzó a ver cambios en su vida. Encontró nuevas oportunidades de negocio, atrajo clientes más comprometidos y, lo más importante, recuperó su confianza. La gratitud le permitió enfocarse en lo positivo y mantener una actitud resiliente frente a las adversidades. Su negocio no solo se recuperó, sino que prosperó, y Sarah aprendió a valorar cada éxito, grande o pequeño, como un peldaño hacia su visión más amplia.

La Transformación de David: de la Competencia Destructiva a la Colaboración Exitosa

David, fundador de una startup tecnológica, solía ver a sus competidores como amenazas en lugar de colegas. Su enfoque en la competencia destructiva lo llevó a un agotamiento extremo y a una falta de satisfacción en su trabajo. Decidió entonces cambiar su enfoque hacia la gratitud, reconociendo y apreciando las contribuciones de sus colegas y competidores.

David comenzó a practicar la gratitud de forma intencional, expresando su aprecio por las colaboraciones y reconociendo los logros de otros. Esta nueva actitud no solo mejoró su bienestar personal, sino que también fortaleció las relaciones en su industria. La colaboración y el apoyo mutuo que surgieron de esta práctica contribuyeron a nuevas oportunidades y asociaciones estratégicas que elevaron su empresa a un nivel de éxito inesperado.

La Historia de Ana: el Impacto de la Gratitud en su Enfoque Empresarial

Ana, una emprendedora en el sector de la moda, estaba constantemente insatisfecha con el progreso de su negocio, comparándose con los éxitos de otros y sintiendo que nunca era suficiente. Tras leer sobre los beneficios de la gratitud, decidió implementar una práctica diaria de agradecimiento. Cada mañana, Ana tomaba unos minutos para reflexionar sobre lo que apreciaba en su vida y en su negocio.

Esta práctica le permitió cambiar su enfoque de la comparación y la insatisfacción a una apreciación profunda por sus logros y el progreso que había logrado. Al enfocarse en lo positivo, Ana descubrió nuevas oportunidades para innovar y mejorar sus productos, lo que llevó a un aumento significativo en la satisfacción del cliente y en las ventas. La gratitud transformó no solo su mentalidad, sino también la manera en que dirigía su empresa, impulsándola hacia un éxito duradero.

El Viaje de Luis: la Gratitud Como Clave Para el Crecimiento Personal y Profesional

Luis, un emprendedor en el sector de servicios, había alcanzado un éxito moderado, pero se sentía estancado y desmotivado. Después de asistir a un taller sobre gratitud, Luis decidió incorporar esta práctica en su rutina diaria. Comenzó a expresar su agradecimiento por su equipo, sus clientes y las oportunidades que había recibido.

La práctica de la gratitud le permitió reconectar con su propósito y pasión por su trabajo. Luis comenzó a liderar con un enfoque más positivo, y su renovada energía se reflejó en la moral y el rendimiento de su equipo de trabajo. Esta transformación no solo llevó a un crecimiento en su negocio, sino también a una profunda satisfacción personal. Luis descubrió que la gratitud no solo mejoraba su vida profesional, sino que también enriquecía su bienestar general.

Las historias de Sarah, David, Ana y Luis demuestran el poder transformador de la gratitud en el ámbito empresarial. Al incorporar la gratitud en su vida diaria, estos emprendedores no solo mejoraron su situación profesional, sino que también encontraron una mayor satisfacción personal. La gratitud les permitió ver las oportunidades en lugar de las limitaciones, fortalecer sus relaciones y mantener una perspectiva positiva a lo largo de su viaje emprendedor.

"La gratitud es la semilla de la prosperidad; cuando agradeces por lo que tienes, el universo conspira para multiplicarlo en formas inimaginables."

CAPÍTULO 4. VISUALIZACIÓN Y MANIFESTACIÓN

CAMINO A LA ABUNDANCIA

En el vasto universo de estrategias y herramientas para alcanzar el éxito en los negocios, la visualización y la manifestación se destacan como dos de las más poderosas y transformadoras. Estos conceptos, aunque a menudo subestimados, son esenciales para aquellos emprendedores que buscan no solo alcanzar sus metas, sino también crear una realidad que refleje sus más grandes aspiraciones.

Pero, ¿qué es la visualización? La visualización es el arte de ver mentalmente el éxito antes de que se materialice en el mundo físico. Se trata de crear imágenes vívidas y detalladas de tus objetivos, como si ya hubieran sido alcanzados. Este proceso mental no es solo un ejercicio de imaginación; *es una forma de programar tu mente para el éxito.* Al visualizar tus metas con claridad y emoción, entrenas a tu cerebro para identificar oportunidades, superar obstáculos y tomar decisiones alineadas con tus aspiraciones. Es como diseñar un mapa interno que guía tus acciones hacia el destino deseado.

Por otro lado, la manifestación es el proceso de convertir tus pensamientos y creencias en realidad tangible. Se basa en la premisa de que tus pensamientos y emociones tienen el poder de influir en el mundo exterior. La manifestación involucra no solo visualizar tus objetivos, sino también tomar acciones conscientes y consistentes que alineen tus esfuerzos con tus intenciones. Es el puente entre el deseo y la realidad, donde la energía que inviertes en tus sueños se convierte en resultados concretos.

Estos conceptos no funcionan en un vacío. La visualización y la manifestación requieren una mentalidad de abundancia, una disposición para creer que lo que deseas es posible y que tienes el poder para alcanzarlo. Es un proceso que combina la claridad mental con la acción decisiva, la fe en uno mismo con la determinación de trabajar hacia las metas establecidas.

En este capítulo, exploraremos cómo estos principios pueden ser aplicados de manera práctica en tu vida empresarial. Aprenderás técnicas para mejorar tu habilidad para visualizar, métodos para manifestar tus objetivos de manera efectiva, y cómo integrar estos procesos en tu rutina diaria para maximizar tu éxito. La visualización y la manifestación son más que conceptos abstractos; son herramientas prácticas que, cuando se usan correctamente, pueden transformar tus sueños en logros reales.

Prepárate para descubrir cómo la claridad mental y la acción dirigida pueden revolucionar tu camino hacia el éxito. La fórmula secreta está a punto de ser revelada, y tu viaje hacia una vida de abundancia y realización comienza aquí.

CÓMO LA MANIFESTACIÓN Y VISUALIZACIÓN PUEDEN CAMBIAR TU DESTINO

En el mundo del emprendimiento, la capacidad de manifestar es mucho más que una técnica o un truco mental; es una herramienta poderosa que puede transformar radicalmente tu destino. La manifestación es el arte de traer a la realidad lo que una vez solo existió en tu mente, y comprender cómo funciona puede ser el primer paso hacia el éxito que has estado buscando.

Entendiendo la Manifestación

La manifestación es el proceso mediante el cual conviertes tus pensamientos y deseos en realidades tangibles. No se trata simplemente de visualizar lo que quieres, sino de integrar esa visión en cada aspecto de tu vida y tomar acciones concretas que te acerquen a esos objetivos. Es un enfoque integral que une la mentalidad positiva con la acción deliberada.

El Poder de la Intención

Todo comienza con la intención. Definir claramente lo que deseas lograr es fundamental para el proceso de manifestación. Sin una intención clara, tus esfuerzos se dispersan y tu enfoque se pierde. Pregúntate: *¿Qué es lo que realmente quiero? ¿Cómo se ve mi éxito?* Esta claridad te permitirá alinear tus pensamientos y acciones con tus metas.

Visualización: el Primer Paso Para Manifestar

La visualización es una herramienta clave en la manifestación. Al imaginar tu éxito con detalle y emoción, creas una imagen mental vívida que actúa como un imán para tus objetivos. Visualiza no solo el resultado final, sino también el proceso:

- *¿Cómo te sentirás cuando alcances tu meta?*
- *¿Qué pasos tomarás para llegar allí?*

Cuanto más real y detallada sea tu visualización, más efectiva será.

Creando una Mentalidad de Abundancia

La manifestación efectiva se basa en una mentalidad de abundancia. Creer que tienes derecho a recibir lo que deseas y que el universo está lleno de oportunidades es crucial. Si operas desde una perspectiva de escasez, te limitarás a ti mismo y a tus posibilidades. Cultivar una mentalidad de abundancia te permite abrirte a nuevas oportunidades y confiar en que el éxito es no solo posible, sino inevitable.

Acción Consciente: El Puente Entre el Pensamiento y la Realidad

Manifestar es más que desear; es tomar acción. Cada pensamiento positivo y visualización debe ser respaldado por pasos concretos que te acerquen a tu objetivo. La acción consciente convierte tus sueños en realidad al crear oportunidades tangibles. Diseña un plan de acción, establece metas a corto y largo plazo, y trabaja constantemente hacia ellas. La manifestación no es pasiva; es una danza entre el pensamiento y la acción.

Superar la Resistencia y la Duda

Durante el proceso de manifestación, es normal enfrentar resistencia y dudas. La mente humana tiende a resistir el cambio, y las creencias limitantes pueden surgir. Es esencial reconocer y superar estas barreras. Mantén una actitud positiva, refuerza tus intenciones con afirmaciones y rodea tu vida con estímulos que refuercen tu visión. La persistencia y la fe en el proceso son fundamentales.

La Ley de Atracción en Acción

La Ley de Atracción sostiene que lo que piensas y sientes atrae eventos y circunstancias similares a tu vida. Cuando mantienes una mentalidad positiva y te alineas con tus objetivos a través de la manifestación, atraes oportunidades y recursos que corresponden a tus pensamientos y emociones. Este principio te ayuda a sincronizar tus esfuerzos con el flujo natural de la abundancia.

Integrando la Manifestación en tu Vida Diaria

Para que la manifestación sea efectiva, debe integrarse en tu vida diaria. Establece rutinas de visualización, crea afirmaciones positivas y mantén un diario de gratitud. Cada día, refuerza tu visión y tus acciones hacia tus metas. La manifestación se convierte en un estilo de vida, no solo en una práctica ocasional.

La manifestación tiene el poder de cambiar tu destino al alinear tus pensamientos, emociones y acciones con tus objetivos más ambiciosos. Al adoptar una mentalidad de abundancia, visualizar tus metas con claridad, tomar acción consciente y superar la resistencia, puedes transformar tus sueños en realidades palpables.

TÉCNICAS DE MANIFESTACIÓN Y VISUALIZACIÓN EFECTIVA

En esta sección, exploraremos cómo puedes utilizar estas prácticas para crear una vida y un negocio llenos de prosperidad.

Comprendiendo la Manifestación

La manifestación es el proceso de traer a la realidad tus deseos y objetivos a través de la focalización de tu mente y emociones. Implica creer firmemente en lo que deseas y tomar acciones alineadas con esos deseos. Aquí están los pasos clave para manifestar eficazmente:

- Paso 1. Define Claramente tus Deseos: El primer paso para manifestar es ser claro sobre lo que realmente quieres. Tómate el tiempo para definir tus objetivos con precisión, ya sea en términos de tu negocio, tu vida personal o cualquier otro aspecto. Cuanto más específico seas, más fácil será para ti enfocar tus esfuerzos y energía.

- Paso 2. Cree en tu Visión: La creencia es fundamental en el proceso de manifestación. Debes estar completamente convencido de que tu objetivo es alcanzable y merecido. Cultiva una fe inquebrantable en tu capacidad para lograr lo que te propones. Recuerda, el universo responde a la energía que emites.

- Paso 3. Utiliza Afirmaciones Positivas: Las afirmaciones son declaraciones positivas que refuerzan tu creencia en tu éxito. Repite afirmaciones como *"Estoy logrando mis metas con éxito"* o *"Mi negocio está prosperando"* con regularidad. Estas afirmaciones ayudan a reprogramar tu mente y a atraer las circunstancias que deseas.

- Paso 4. Actúa con Intención: La manifestación no es solo un proceso mental, sino que también requiere acción. Toma pasos concretos hacia tus metas, alineando tus acciones diarias con tus deseos. La acción demuestra tu compromiso y abre puertas a nuevas oportunidades.

La Magia de la Visualización

La visualización es una técnica que implica imaginar vivamente tus metas y el éxito que deseas alcanzar. Al visualizar, te estás preparando mentalmente para el éxito y enviando una señal clara al universo sobre lo que quieres lograr. Aquí te presentamos cómo hacerlo de manera efectiva:

- Paso 1. Crea Imágenes Vívidamente Detalladas: En tu mente, forma imágenes detalladas de tu éxito. Visualiza cómo se ve y se siente alcanzar tus metas. Imagina los detalles: *el lugar, las personas, las sensaciones y las emociones.* Cuanto más vívida y detallada sea tu visualización, más poderosa será.

- Paso 2. Siente las Emociones: No solo visualices los resultados, sino que también siente las emociones asociadas con ellos. Experimenta la alegría, la gratitud y el orgullo que sentirías al lograr tus objetivos. Estas emociones amplifican tu energía y refuerzan tu manifestación.

- Paso 3. Practica la Visualización Diaria: Dedica unos minutos cada día a la visualización. Encuentra un lugar tranquilo, cierra los ojos y enfócate en tus imágenes y sentimientos deseados. La consistencia en esta práctica ayuda a mantener tu mente enfocada y alineada con tus objetivos.

- Paso 4. Utiliza un Tablero de Visión: Un tablero de visión es una herramienta visual que te ayuda a mantenerte enfocado en tus metas. Llénalo con imágenes, palabras y frases que representen tus objetivos y deseos. Coloca el tablero en un lugar visible para recordarte constantemente lo que estás trabajando para lograr.

Integrando Manifestación y Visualización en Tu Rutina

Para que estas técnicas sean efectivas, deben integrarse de manera coherente en tu vida diaria. Aquí tienes algunas recomendaciones para hacerlo:

- Establece un Ritual Diario: Dedica tiempo cada día para practicar manifestación y visualización. Esto puede ser a primera hora de la mañana o antes de dormir. Un ritual consistente te ayudará a mantener tu enfoque y motivación.

- Mantén un Diario de Manifestación: Registra tus metas, afirmaciones, visualizaciones y el progreso que haces hacia ellas en un diario. Esto te ayudará a seguir tus avances, identificar patrones y mantenerte enfocado en tus objetivos.

- Sé Paciente y Persistente: La manifestación y la visualización no son procesos instantáneos. Requieren paciencia y persistencia. Mantén tu fe y compromiso, incluso cuando enfrentes desafíos. La persistencia es clave para convertir tus sueños en realidad.

Las técnicas de manifestación y visualización son herramientas poderosas que pueden elevar tu emprendimiento y tu vida personal a nuevas alturas. Al aplicar estos métodos con intención y consistencia, estarás creando una vibración positiva que atrae oportunidades, fomenta la acción y asegura el éxito. Recuerda que el poder de manifestar y visualizar reside en tu capacidad para creer en ti mismo, actuar con propósito y mantener una mentalidad abierta y receptiva. Ahora tienes en tus manos las claves para desbloquear un futuro lleno de posibilidades infinitas. ¡Es hora de visualizar tu éxito y manifestar tus sueños!

EJERCICIOS PRÁCTICOS PARA MANIFESTAR Y VISUALIZAR TUS METAS

La capacidad de manifestar y visualizar tus metas es un componente esencial de tu camino hacia la abundancia. Estos ejercicios prácticos están diseñados para ayudarte a alinear tu mente, emociones y acciones hacia la realización de tus objetivos más ambiciosos. Al integrar estas prácticas en tu rutina diaria, fortalecerás tu enfoque, atraerás las oportunidades adecuadas y tomarás medidas efectivas hacia el éxito que deseas. Aquí te presentamos algunas técnicas efectivas para potenciar tu capacidad de manifestar y visualizar tus metas:

Técnica 1. Crear una Visión Clara y Detallada

Ejercicio: El Mapa de Visión

- Paso 1. Encuentra un Espacio Tranquilo: Dedica tiempo en un entorno libre de distracciones donde puedas concentrarte en tus pensamientos y emociones.

- Paso 2. Define tus Metas: Escribe una lista detallada de tus objetivos a corto, mediano y largo plazo. Asegúrate de ser específico sobre lo que quieres lograr.

- Paso 3. Crea tu Mapa de Visión: Utiliza una cartulina o un tablero y recorta imágenes, palabras y frases que representen tus metas y aspiraciones. Puedes usar revistas, imprimir imágenes de Internet o dibujar tus propios símbolos.

- Paso 4. Organiza el Mapa: Coloca las imágenes y palabras en tu tablero de manera que reflejen la jerarquía y la importancia de cada meta. Añade una descripción escrita para cada imagen, detallando cómo te sentirás al alcanzar esa meta y qué significará para ti.

- **Paso 5. Revisión Diaria:** Coloca tu mapa de visión en un lugar visible y dedica unos minutos cada día a observarlo. Visualiza con claridad cómo logras cada meta, experimenta las emociones asociadas con el éxito y siéntete agradecido por lo que has logrado.

Técnica 2. Práctica de Visualización Activa

Ejercicio: La Visualización Guiada

- **Paso 1. Encuentra un Espacio Cómodo:** Siéntate o acuéstate en un lugar tranquilo donde puedas relajarte sin interrupciones.

- **Paso 2. Relájate y Respira:** Cierra los ojos y realiza unas respiraciones profundas para calmar tu mente y cuerpo. Enfócate en soltar cualquier tensión o pensamiento intrusivo.

- **Paso 3. Imagina tu Meta Alcanzada:** Visualiza con todo lujo de detalles cómo es tu vida una vez que hayas alcanzado tu meta. Imagina el entorno, las personas a tu alrededor, los sonidos, los olores y las emociones que experimentarás.

- **Paso 4. Involucra tus Sentidos:** Mientras visualizas, involucra todos tus sentidos. *¿Qué ves? ¿Qué escuchas? ¿Qué sientes?* Cuanto más vívida sea tu visualización, más poderosa será.

- **Paso 5. Siente el Éxito:** Permítete sentir las emociones asociadas con el logro de tu meta. Experimenta la alegría, la satisfacción y el orgullo como si ya hubieras alcanzado el objetivo.

- **Paso 6. Repite Diariamente:** Realiza esta práctica de visualización al menos una vez al día, preferiblemente por la mañana para establecer una mentalidad positiva para el día.

Técnica 3. La Técnica de la Afirmación Positiva

Ejercicio: Afirmaciones diarias

- **Paso 1. Elige tus Afirmaciones:** Redacta afirmaciones positivas y en tiempo presente que reflejen tus metas y deseos. Por ejemplo, *"Estoy logrando mi objetivo de aumentar mis ventas en un 50% este trimestre"* o *"Estoy construyendo un equipo de alto rendimiento que contribuye al éxito de mi empresa"*.

- Paso 2. Escribe y Repite: Escribe tus afirmaciones en un cuaderno especial o en tarjetas y léelas en voz alta cada mañana y noche. Asegúrate de hacerlo con convicción y emoción.

- Paso 3. Integra en tu Rutina: Coloca tus afirmaciones en lugares visibles como el espejo del baño, el escritorio o el refrigerador. Repítelas a lo largo del día cuando necesites un impulso de confianza.

- Paso 4. Ajusta según sea Necesario: A medida que avanzas y tus metas evolucionan, ajusta tus afirmaciones para que sigan alineadas con tus nuevos objetivos y aspiraciones.

Técnica 4. Crear un Diario de Manifestación

Ejercicio: El Diario de Sueños y Logros

- Paso 1. Compra un Diario Especial: Adquiere un cuaderno o diario que te inspire y que reserves exclusivamente para la manifestación y la reflexión sobre tus metas.

- Paso 2. Escribe tus Metas: Dedica una sección del diario a escribir tus metas y objetivos. Sé específico y detallado sobre lo que deseas lograr y por qué es importante para ti.

- Paso 3. Registra tu Progreso: Anota cualquier paso que tomes hacia tus metas, así como los pequeños logros y avances. Reflexiona sobre lo que has aprendido y ajusta tus estrategias según sea necesario.

- Paso 4. Gratitud y Reflexión: Al final de cada día o semana, dedica tiempo a escribir sobre lo que estás agradecido en relación con tu progreso y tus logros. Esta práctica ayudará a mantener una actitud positiva y a atraer más abundancia.

Técnica 5. Meditación de Manifestación

Ejercicio: Meditación Guiada para la Abundancia

- Paso 1. Encuentra un Espacio Tranquilo: Siéntate en una posición cómoda en un lugar donde puedas estar tranquilo y sin distracciones.

- Paso 2. Respira Profundamente: Cierra los ojos y concédele unos minutos a la respiración profunda para calmar tu mente y cuerpo.

- Paso 3. Visualiza el Éxito: Imagina tus metas ya alcanzadas, como si estuvieras viviendo tu vida ideal. Enfócate en los detalles y las emociones positivas asociadas con tu éxito.

- Paso 4. Repite tu Mantra: Mientras visualizas, repite una mantra o frase positiva relacionada con tus metas, como "*Estoy en el camino correcto hacia mi éxito*" o "*Todo lo que deseo está viniendo a mí*".

- Paso 5. Cierra con Agradecimiento: Finaliza tu meditación sintiendo gratitud por todo lo que ya has logrado y por lo que está por venir. Abre los ojos con una sensación de paz y optimismo.

Integrar estos ejercicios prácticos en tu vida diaria te permitirá no solo visualizar tus metas de manera más efectiva, sino también manifestarlas en tu realidad. Al aplicar la visualización, las afirmaciones, la meditación y otros métodos, te alineas con la energía de abundancia y creas un camino claro hacia el éxito que deseas.

Recuerda que la práctica constante y la creencia en tu propio potencial son clave para transformar tus sueños en logros tangibles. ¡Empieza hoy y observa cómo tus metas se materializan frente a tus ojos!

"La visualización es el primer paso para manifestar la abundancia. Cuando puedes verlo claramente en tu mente, estás construyendo el camino para que se convierta en tu realidad emprendedora."

CAPÍTULO 5. ESTABLECIMIENTO DE METAS

CAMINO A LA ABUNDANCIA

En el camino hacia la abundancia, el establecimiento de metas es uno de los pilares fundamentales que puede marcar la diferencia entre alcanzar tus sueños y quedarte estancado en el camino. Sin una dirección clara, incluso el emprendimiento más apasionado puede perderse en un mar de incertidumbre y esfuerzo sin propósito. Por eso, dedicaré un espacio especial para explorar el arte y la ciencia del establecimiento de metas.

Las metas actúan como el mapa que guía tu trayectoria, ayudándote a enfocar tus energías, recursos y esfuerzos en dirección a tus objetivos más ambiciosos. No se trata simplemente de desear el éxito, sino de trazar un camino claro que te lleve hacia él. Este proceso te proporciona un marco para evaluar tus avances, ajustar tus estrategias y mantenerte motivado frente a los desafíos.

En este libro, descubrirás cómo establecer metas de manera efectiva utilizando el enfoque SMART *(específicas, medibles, alcanzables, relevantes y con un tiempo definido)*. Aprenderás a descomponer grandes sueños en pasos manejables, lo que facilita la creación de un plan de acción que te acerque continuamente a tus objetivos. Más allá de los aspectos prácticos, exploraremos cómo una mentalidad de abundancia puede transformar tus metas, haciéndolas no solo realizables, sino también inspiradoras y llenas de propósito.

El establecimiento de metas no es un simple acto de planificación; *es una declaración de tus intenciones más profundas y un compromiso contigo mismo*. Al comprender y aplicar estas técnicas, estarás equipado para transformar tus aspiraciones en logros concretos y sostenibles. Prepárate para trazar el mapa de tu éxito y dar los primeros pasos hacia una vida y un negocio verdaderamente abundantes.

LA IMPORTANCIA DE ESTABLECER METAS SMART

En el camino hacia el éxito emprendedor, uno de los pilares fundamentales para lograr resultados significativos y sostenibles es el establecimiento de metas claras y bien definidas. En esta parte del libro exploraremos cómo las metas SMART —*específicas, medibles, alcanzables, relevantes y con un tiempo definido*— son cruciales para transformar tus aspiraciones en logros tangibles.

¿Qué Son las Metas SMART?

El acrónimo SMART se refiere a un enfoque estructurado para establecer objetivos que sean claros y alcanzables. Cada letra del acrónimo representa un criterio esencial que transforma una simple idea en una meta poderosa y efectiva:

Específicas (S)

Una meta específica está claramente definida y responde a preguntas concretas: *¿Qué exactamente quiero lograr? ¿Quién está involucrado? ¿Dónde se llevará a cabo?* Al ser específica, una meta evita la vaguedad y proporciona una dirección clara.

Medibles (M)

Para saber si estás en camino de alcanzar tu meta, necesitas tener criterios de medición. Las metas medibles te permiten rastrear tu progreso y saber cuándo has alcanzado tu objetivo. Pregúntate: *¿Cómo sabré que he alcanzado mi meta? ¿Qué indicadores usaré para medir el progreso?*

Alcanzables (A)

Las metas deben ser realistas y alcanzables dentro de tus capacidades y recursos. Establecer metas inalcanzables puede llevar a la frustración y al abandono. Pregúntate: *¿Es esta meta factible con los recursos y el tiempo disponible? ¿Qué habilidades o capacidades necesito para alcanzarla?*

Relevantes (R)

Una meta relevante está alineada con tus valores y objetivos a largo plazo. Debe ser significativa para ti y para tu negocio. Pregúntate: *¿Cómo contribuye esta meta a mis objetivos generales? ¿Es importante para mi visión a largo plazo?*

Con un Tiempo Definido (T)

Las metas deben tener un marco temporal claro que te permita planificar y mantener el enfoque. Un plazo específico crea un sentido de urgencia y te ayuda a evitar la procrastinación. Pregúntate: *¿Cuándo quiero alcanzar esta meta? ¿Cuál es la fecha límite?*

POR QUÉ LAS METAS SMART SON CRUCIALES PARA LOS

EMPRENDEDORES

Claridad y Enfoque

Establecer metas SMART proporciona una dirección clara y evita la confusión. Cuando sabes exactamente qué quieres lograr y cómo medirlo, puedes concentrar tus esfuerzos en acciones que realmente te acerquen a tu objetivo. Esto es especialmente vital en el mundo del emprendimiento, donde la claridad es esencial para la toma de decisiones efectivas.

Motivación y Compromiso

Las metas bien definidas y alcanzables fomentan una mayor motivación. Al ver el progreso hacia tus objetivos y saber que son realistas, te mantendrás comprometido y enfocado. La sensación de lograr hitos específicos te dará el impulso necesario para seguir adelante.

Evaluación del Progreso

Las metas medibles te permiten realizar un seguimiento constante de tu progreso. Esto te ayuda a identificar rápidamente cualquier desviación de tu plan y hacer ajustes necesarios para mantenerte en el camino correcto. Sin métricas claras, puede ser difícil saber si estás avanzando hacia tu objetivo.

Asignación Eficiente de Recursos

Al tener metas específicas y alcanzables, puedes asignar tus recursos de manera más efectiva. Sabes exactamente qué necesitas para alcanzar tus objetivos y puedes planificar en consecuencia, evitando el desperdicio de tiempo y esfuerzo en actividades no productivas.

Adaptabilidad y Crecimiento

Las metas SMART no solo te guían hacia el éxito, sino que también te permiten adaptarte y crecer. A medida que alcanzas tus metas, puedes evaluar tus resultados, aprender de ellos y establecer nuevos objetivos más ambiciosos. Este ciclo de establecimiento de metas y evaluación continua es clave para el crecimiento personal y profesional.

CÓMO ESTABLECER METAS SMART PARA TU NEGOCIO

- PASO I. Define tu Visión. Antes de establecer metas, ten claro cuál es tu visión a largo plazo. *¿Qué quieres lograr en tu negocio? ¿Cuáles son tus objetivos generales?*

- PASO II. Establece Metas Específicas. Traduce tu visión en metas concretas. En lugar de decir *"Quiero aumentar las ventas"*, di *"Quiero aumentar las ventas en un 20% en los próximos seis meses"*.

- PASO III. Asegúrate de que sean Medibles. Define cómo medirás el éxito. Por ejemplo, usa indicadores KPI's como el número de clientes, de ventas, el ingreso generado o el porcentaje de crecimiento.

- PASO IV. Verifica su Alcanzabilidad. Evalúa si tus metas son alcanzables con los recursos y el tiempo que tienes. Ajusta según sea necesario para que sean realistas.

- PASO V. Hazlas Relevantes. Asegúrate de que tus metas estén alineadas con tus objetivos a largo plazo y sean significativas para tu negocio.

- PASO VI. Establece un Plazo. Define un marco temporal para alcanzar cada meta. Esto te ayudará a mantenerte enfocado y motivado.

Establecer metas SMART es una estrategia poderosa para transformar tus aspiraciones en logros reales. Al definir objetivos que sean específicos, medibles, alcanzables, relevantes y con un tiempo definido, te dotas de una hoja de ruta clara para el éxito. En "Camino a la Abundancia", te guiaré a través de la aplicación efectiva de estas metas, mostrándote cómo puedes usarlas para superar desafíos, mantenerte enfocado y alcanzar el éxito que deseas. Con metas SMART, no solo alcanzarás tus objetivos, sino que lo harás de manera más eficiente y satisfactoria.

EJEMPLOS DE METAS EXITOSAS

Las metas son el faro que guía tu camino hacia el éxito. Sin una visión clara y objetivos bien definidos, es fácil perderse en la vasta extensión de oportunidades y desafíos que enfrentan los emprendedores. A continuación, exploraremos ejemplos de metas exitosas que pueden inspirarte a establecer y alcanzar tus propios objetivos emprendedores. Estos ejemplos demuestran cómo las metas bien planteadas no solo dirigen tus esfuerzos, sino que también potencian tu crecimiento y éxito de manera significativa.

EJEMPLO 1. Desarrollar una Propuesta de Valor Única

- Meta SMART: Crear y lanzar una propuesta de valor que diferencie tu producto o servicio en el mercado en un plazo de 6 meses.

- Ejemplo Exitoso: La startup de tecnología "EcoTech" identificó una brecha en el mercado de productos sostenibles para el hogar. La meta de EcoTech era desarrollar una línea de electrodomésticos ecológicos con características innovadoras que no solo redujeran el consumo energético, sino que también ofrecieran un diseño elegante y funcional. Tras meses de investigación y desarrollo, y con una clara propuesta de valor, EcoTech no solo se posicionó como un líder en sostenibilidad, sino que también ganó una base de clientes leales que valoraron su enfoque único.

- Lección Aprendida: Una propuesta de valor clara y diferenciada es esencial para destacar en un mercado competitivo. Define qué te hace único y cómo puedes resolver problemas de manera innovadora.

EJEMPLO 2. Expandir tu Alcance de Mercado

- **Meta SMART:** Incrementar tu presencia en dos nuevos mercados internacionales dentro de un año.

- **Ejemplo Exitoso:** La empresa "Fashion Forward", una marca de moda innovadora, tenía como objetivo expandir su alcance a nivel internacional. Establecieron metas específicas para ingresar a los mercados de Asia y Europa. Mediante estrategias de marketing digital, asociaciones locales y la adaptación de su oferta para cada región, "Fashion Forward" logró no solo entrar en estos mercados, sino también aumentar sus ventas globales en un 30% en el primer año.

- **Lección aprendida:** La expansión de mercado requiere planificación estratégica y adaptación cultural. Investiga y comprende los mercados objetivo para establecer una presencia sólida y exitosa.

EJEMPLO 3. Aumentar la Productividad del Equipo

- **Meta SMART:** Implementar un sistema de gestión del tiempo y la productividad que aumente la eficiencia del equipo en un 25% en 6 meses.

- **Ejemplo Exitoso:** "Soluciones Tecnológicas", una empresa de consultoría tecnológica, enfrentaba desafíos en la gestión del tiempo y la colaboración entre equipos. Decidieron adoptar una plataforma de gestión de proyectos y capacitar a su equipo en nuevas técnicas de productividad. Tras la implementación, el equipo experimentó una mejora del 30% en la eficiencia operativa y una reducción en los tiempos de entrega de proyectos.

- **Lección Aprendida:** Mejorar la productividad del equipo puede tener un impacto significativo en el éxito general del negocio. Invierte en herramientas y formación que ayuden a tu equipo a trabajar de manera más eficiente.

EJEMPLO 4. Incrementar el Número de Clientes Recurrentes

- **Meta SMART:** Aumentar la tasa de retención de clientes en un

20% en un año mediante estrategias de fidelización.

- Ejemplo Exitoso: "Comida Saludable", una empresa de suscripción de alimentos saludables, identificó que retener a sus clientes era crucial para el crecimiento. Desarrollaron un programa de fidelización que incluía descuentos exclusivos, contenido personalizado y un excelente servicio al cliente. Al final del año, no solo aumentó su tasa de retención en un 25%, sino que también vio un aumento en las referencias y recomendaciones de clientes.

- Lección Aprendida: La fidelización de clientes es vital para el crecimiento sostenible. Ofrece valor continuo y una experiencia excepcional para convertir clientes ocasionales en seguidores leales.

EJEMPLO 5. Mejorar la Visibilidad Online

- Meta SMART: Incrementar el tráfico del sitio web en un 50% en 6 meses mediante estrategias de SEO y marketing de contenido.

- Ejemplo Exitoso: "Todo Camping", una tienda online de productos de acampada, decidió centrarse en mejorar su presencia en línea. Implementaron una estrategia integral de SEO, crearon contenido relevante y realizaron campañas de marketing digital. Como resultado, su tráfico web aumentó en un 60%, y experimentaron un incremento notable en las conversiones y la participación del usuario.

- Lección Aprendida: La visibilidad en línea es crucial en el mundo digital de hoy. Utiliza estrategias efectivas de SEO y marketing de contenido para atraer y captar a tu audiencia objetivo.

Establecer metas claras y alcanzables es un componente fundamental en el camino hacia el éxito emprendedor. Los ejemplos demuestran que, con un enfoque definido y estrategias bien ejecutadas, puedes transformar tus objetivos en logros concretos. Al aplicar estos principios a tu propio emprendimiento, no solo te acercarás a tus metas, sino que también construirás una base sólida para un éxito duradero y significativo. ¡Empieza hoy mismo a definir tus metas y a trazar el camino hacia un futuro abundante y exitoso!

EJERCICIOS PARA CREAR Y VISUALIZAR TUS PROPIAS METAS

A continuación, te presento una serie de ejercicios diseñados para ayudarte a crear y visualizar tus propias metas de manera efectiva.

Ejercicio 1. Define tus Metas SMART

Recuerda que las metas SMART son *Específicas, Medibles, Alcanzables, Relevantes y con un Tiempo definido*. Este marco asegura que tus objetivos sean claros y alcanzables. Sigue estos pasos para definir tus metas SMART:

- Específicas: Pregúntate qué exactamente quieres lograr. En lugar de una meta vaga como *"quiero tener éxito"*, especifica algo concreto como *"quiero aumentar mis ventas en un 20% en los próximos seis meses"*.

- Medibles: Establece cómo medirás el progreso. *¿Qué indicadores te dirán que estás en camino?* En el ejemplo anterior, la métrica sería el aumento del 20% en ventas.

- Alcanzables: Evalúa si la meta es realista considerando tus recursos y habilidades actuales. Ajusta tus objetivos si es necesario para asegurarte de que sean alcanzables.

- Relevantes: Asegúrate de que tu meta esté alineada con tus valores y visión a largo plazo. Pregúntate si esta meta contribuye a tu misión personal o profesional.

- Tiempo Definido: Establece un plazo claro para alcanzar tu meta. Los plazos te mantienen enfocado y motivado.

Ejercicio Práctico: Escribe al menos tres metas SMART relacionadas con tu emprendimiento y desglósalas en pasos específicos que debes seguir para alcanzarlas. Revisa estas metas regularmente para ajustar tu enfoque y celebrar tus logros.

Ejercicio 2. Crea un Mapa de Sueños

Un mapa de sueños es una herramienta visual que te ayuda a ver tus objetivos y aspiraciones de manera tangible. Este ejercicio te permite conectar emocionalmente con tus metas y visualizar el camino hacia su consecución.

- Paso 1: Reúne materiales como cartulinas, revistas, pegatinas, y marcadores.

- Paso 2: En una cartulina, dibuja o pega imágenes, palabras y frases que representen tus metas y sueños. Incluye tanto metas a corto como a largo plazo.

- Paso 3: Coloca tu mapa de sueños en un lugar visible donde lo puedas ver a diario. Esto te recordará tus objetivos y mantendrá tu motivación alta.

Ejercicio Práctico: Dedica una tarde a crear tu mapa de sueños. Mientras trabajas en él, reflexiona sobre por qué cada imagen o palabra es significativa para ti y cómo se conecta con tu visión personal y profesional.

Ejercicio 3. Visualización Guiada

La visualización es una técnica poderosa que te ayuda a imaginar tus metas como si ya las hubieras alcanzado. Este ejercicio mental refuerza tu compromiso y te prepara para el éxito.

- Paso 1: Encuentra un lugar tranquilo donde puedas sentarte o recostarte sin distracciones.

- Paso 2: Cierra los ojos y respira profundamente. Relájate y deja que tu mente se enfoque en una de tus metas.

- **Paso 3:** Imagina con todo detalle cómo te sentirías al alcanzar esa meta. *¿Qué ves? ¿Qué oyes? ¿Qué sientes?* Experimenta la emoción de haber logrado tu objetivo.

- **Paso 4:** Visualiza los pasos específicos que tomaste para llegar allí y cómo enfrentaste los desafíos que surgieron en el camino.

Ejercicio Práctico: Dedica al menos 10 minutos al día a la visualización guiada. Cuanto más vívida y detallada sea tu visualización, más efectiva será en el refuerzo de tu compromiso hacia tus metas.

Ejercicio 4. Elaboración de un Plan de Acción

Un plan de acción es esencial para convertir tus metas en logros concretos. Este ejercicio te ayudará a desglosar tus objetivos en tareas manejables y establecer un camino claro hacia su consecución.

- **Paso 1:** Escribe tu meta principal en la parte superior de una hoja de papel.

- **Paso 2:** Divide esta meta en pasos o tareas específicas que necesitas completar. Por ejemplo, si tu meta es *"aumentar las ventas en un 20%"*, tus pasos pueden incluir *"realizar una investigación de mercado"* o *"lanzar una nueva campaña publicitaria"*.

- **Paso 3:** Asigna un plazo de tiempo para cada tarea y marca los recursos necesarios para completar cada una.

- **Paso 4:** Revisa y ajusta tu plan regularmente para asegurarte de que estás en el camino correcto y para hacer ajustes según sea necesario.

Ejercicio Práctico: Crea un plan de acción para una de tus metas principales. Utiliza una herramienta de gestión de proyectos o una simple hoja de cálculo para hacer seguimiento de tu progreso y ajustar el plan según sea necesario.

Ejercicio 5. Reflexiona y Ajusta

La reflexión regular es clave para mantener el enfoque y adaptarte a los cambios. Este ejercicio te ayudará a evaluar tu progreso y hacer ajustes a tu plan según sea necesario.

- Paso 1: Programa sesiones de reflexión semanales o mensuales para revisar tu progreso hacia tus metas.

- Paso 2: Evalúa qué ha funcionado bien y qué no ha salido como esperabas.

- Paso 3: Ajusta tus metas y planes de acción según los resultados de tu reflexión. Identifica nuevas estrategias o enfoques que puedas implementar.

Ejercicio Práctico: Mantén un diario de progreso donde registres tus reflexiones y ajustes. Esto te ayudará a aprender de tus experiencias y a mantenerte en el camino hacia tus metas.

Crear y visualizar tus propias metas no solo te proporciona una dirección clara, sino que también fortalece tu determinación y enfoque. Al integrar estos ejercicios en tu rutina diaria, estarás no solo trazando un camino hacia el éxito, sino también cultivando una mentalidad de abundancia que te permitirá superar desafíos y lograr tus aspiraciones más audaces. ¡Comienza hoy a construir la vida y el negocio que siempre has soñado!

> "El establecimiento de metas claras es el primer paso hacia la abundancia; cuando alineas tus sueños con acciones concretas, desbloqueas el camino hacia tu máximo potencial emprendedor."

CAPÍTULO 6. PLANIFICACIÓN ESTRATÉGICA

CAMINO A LA ABUNDANCIA

En el mundo del emprendimiento, la planificación estratégica no es solo una herramienta útil, sino una necesidad crucial para transformar la visión en realidad. Es el mapa que guía cada decisión, cada acción y cada paso hacia el logro de tus objetivos. A continuación, exploraremos cómo una planificación estratégica bien elaborada puede ser la clave para desbloquear la abundancia que deseas y mereces.

Para empezar, *¿qué es la planificación estratégica?* La Planificación Estratégica es el arte de establecer un camino claro hacia tus metas, identificando los recursos necesarios, anticipando los obstáculos y creando un plan de acción que te permita avanzar de manera organizada y efectiva. Para los emprendedores, esto no solo significa diseñar estrategias para aumentar ingresos o expandir el negocio, sino también construir una visión integral que abarque todos los aspectos de la vida personal y profesional.

Al adoptar una planificación estratégica efectiva, te proporcionas a ti mismo una serie de beneficios fundamentales:

- Claridad y Enfoque. Una planificación detallada te ayuda a definir claramente tus objetivos y a entender los pasos necesarios para alcanzarlos. Esto proporciona una dirección precisa y evita que te pierdas en el caos de las tareas diarias.

- Anticipación y Preparación. Planificar con anticipación te permite identificar posibles desafíos y prepararte para superarlos antes de que se conviertan en problemas. Esta preparación es esencial para mantener la resiliencia y adaptabilidad frente a los obstáculos.

- Optimización de Recursos. La planificación estratégica te ayuda a gestionar tus recursos de manera eficiente, asegurando que tu tiempo, dinero y energía se utilicen de la mejor manera posible. Esto maximiza tus posibilidades de éxito y minimiza desperdicios innecesarios.

- Evaluación y Ajuste Continuo. Un buen plan estratégico incluye mecanismos para evaluar regularmente tu progreso y hacer ajustes según sea necesario. Esto te permite mantenerte en el camino correcto y adaptarte a cambios en el entorno o en tus objetivos.

En las próximas páginas, desglosaremos las etapas esenciales de la planificación estratégica, desde la formulación de una visión inspiradora hasta la ejecución efectiva y la revisión constante. Te proporcionaremos herramientas prácticas y ejemplos de emprendedores que han utilizado la planificación estratégica para transformar sus sueños en realidades exitosas.

La abundancia no es un destino, sino un viaje que se construye con cada decisión y acción que tomas. Con una planificación estratégica sólida, no solo alcanzarás tus metas, sino que también establecerás un camino hacia un éxito sostenible y enriquecedor. Prepárate para descubrir cómo una planificación cuidadosa y consciente puede ser el catalizador que te lleve a la abundancia que has estado buscando. ¡Comencemos este emocionante viaje hacia el éxito y la realización plena!

CÓMO CREAR UN PLAN DE ACCIÓN QUE FUNCIONE

Uno de los mayores desafíos que enfrentan los emprendedores es la creación de un plan de acción efectivo que no solo defina sus objetivos, sino que también los impulse hacia la abundancia y el éxito. Sin un plan claro y bien estructurado, incluso las ideas más prometedoras pueden desmoronarse ante la falta de dirección y enfoque. Aquí te mostraré cómo desarrollar un plan de acción que te permitirá transformar tus sueños en realidad y alcanzar el éxito deseado.

Paso 1. Define tu Visión y Objetivos Claros

- <u>Visión:</u> Antes de comenzar a trazar cualquier plan, es crucial tener una visión clara y motivadora de lo que deseas lograr. *¿Cómo se ve el éxito para ti?* Esta visión debe ser inspiradora, concreta y reflejar tus valores y aspiraciones. Tómate el tiempo para escribir una declaración de visión que describa tu meta final con detalles vívidos.

- <u>Objetivos Claros:</u> A partir de tu visión, establece objetivos específicos, medibles, alcanzables, relevantes y con un plazo definido (SMART). Estos objetivos te proporcionarán un marco claro para tu plan de acción y te ayudarán a mantenerte enfocado. Por ejemplo, en lugar de *"quiero aumentar mis clientes"*, plantea *"quiero aumentar mis clientes en un 25% en los próximos 8 meses"*.

Paso 2. Desglosa los Objetivos en Tareas y Acciones Específicas

Con tus objetivos en mente, el siguiente paso es desglosarlos en tareas y acciones específicas. Dividir grandes metas en pasos más pequeños y manejables hace que el proceso sea menos abrumador y más alcanzable.

- Acciones Diarias y Semanales: Identifica las tareas diarias y semanales que necesitarás completar para avanzar hacia cada objetivo. Estas pueden incluir actividades como crear contenido, hacer llamadas de ventas, o asistir a eventos de networking. Asigna plazos realistas para cada tarea y prioriza en función de su impacto.

- Responsabilidades y Recursos: Determina quién será responsable de cada tarea, ya sea tú mismo o miembros de tu equipo. También identifica los recursos que necesitarás, como herramientas, materiales o apoyo externo.

Paso 3. Establece un Cronograma Realista

- Planificación Temporal: Un plan de acción debe incluir un cronograma que indique cuándo se deben completar las tareas y objetivos. Utiliza herramientas como calendarios o aplicaciones de gestión de proyectos para organizar tu tiempo de manera efectiva.

- Revisiones y Ajustes: Programa revisiones regulares para evaluar el progreso. Esto te permitirá ajustar el plan según sea necesario y mantenerte en el camino correcto. Las revisiones también ofrecen la oportunidad de celebrar los logros y motivarte para seguir avanzando.

Paso 4. Implementa Estrategias de Medición y Evaluación

- Indicadores de Éxito: Define los indicadores clave de rendimiento (KPIs) que usarás para medir el éxito de tu plan de acción. Estos indicadores te proporcionarán una visión clara de si estás alcanzando tus objetivos y te ayudarán a identificar áreas que necesitan ajustes.

- **Evaluaciones Regulares:** Realiza evaluaciones periódicas para analizar tu progreso en relación con los KPIs establecidos. Esto te permitirá detectar problemas a tiempo y hacer los ajustes necesarios para mantener el rumbo hacia la abundancia.

Paso 5. Mantén la Flexibilidad y la Adaptabilidad

- **Adaptación a Cambios:** El entorno empresarial es dinámico, y es probable que enfrentes imprevistos o cambios en el mercado. Un buen plan de acción debe ser lo suficientemente flexible como para adaptarse a estos cambios sin perder de vista tus objetivos.

- **Apertura a Nuevas Oportunidades:** Mantén una mentalidad abierta a nuevas oportunidades y ajustes. A veces, los cambios inesperados pueden abrir nuevas vías hacia el éxito. Evalúa las oportunidades emergentes y ajusta tu plan en consecuencia.

Paso 6. Cultiva la Disciplina y la Motivación

- **Hábitos Consistentes:** La disciplina y la consistencia son claves para implementar un plan de acción exitoso. Establece hábitos de trabajo regulares y mantén un enfoque constante en tus objetivos.

- **Motivación Interna:** Encuentra formas de mantenerte motivado y enfocado, incluso cuando enfrentes desafíos. Esto puede incluir técnicas de visualización, afirmaciones, y recordatorios de por qué persigues tus objetivos.

Paso 7. Aprende y Ajusta Basado en Resultados

- **Lecciones Aprendidas:** Reflexiona sobre los resultados obtenidos y las lecciones aprendidas. Cada experiencia te proporciona información valiosa sobre lo que funciona y lo que no, lo cual es crucial para mejorar continuamente tu plan de acción.

- **Iteración y Mejora:** Utiliza la retroalimentación para iterar y mejorar tu plan de acción. Ajusta tus estrategias basándote en lo que has aprendido para optimizar tus esfuerzos y maximizar tus resultados.

Crear un plan de acción efectivo es esencial para transformar tus aspiraciones en logros concretos. Siguiendo estos pasos, no solo tendrás una hoja de ruta clara hacia la abundancia y el éxito, sino que también estarás equipado para adaptarte y prosperar en un entorno empresarial en constante cambio. Recuerda, el éxito no es un destino final, sino un viaje continuo de crecimiento, aprendizaje y realización. ¡Empieza hoy a trazar tu camino hacia la abundancia y descubre el potencial ilimitado que te espera!

HERRAMIENTAS Y TÉCNICAS PARA PLANIFICAR EL ÉXITO

En el emocionante y desafiante viaje del emprendimiento, una planificación estratégica sólida no es solo una ventaja, sino una necesidad esencial para alcanzar el éxito y la abundancia. A continuación, exploraremos herramientas y técnicas que te permitirán diseñar un plan de acción efectivo, que no solo te guiará hacia tus objetivos, sino que también te ayudará a mantenerte en el camino hacia el éxito continuo.

Técnica 1. Establecimiento de Metas SMART

Como ya comentamos en el capítulo anterior, una de las primeras herramientas esenciales para planificar el éxito es el establecimiento de metas SMART. Este enfoque te ayudará a definir objetivos claros y alcanzables, y a trazar un camino concreto hacia la abundancia.

- Específicas: Las metas deben ser claras y concretas. En lugar de *"Quiero aumentar mis clientes"*, establece una meta como *"Quiero aumentar mis clientes en un 25% durante los próximos 8 meses"*.

- Medibles: Debes poder medir tu progreso. Define indicadores claros (KPI's) que te permitan saber cuándo has alcanzado tu meta. Por ejemplo, *"Incrementar la base de clientes en 50 nuevos clientes"*.

- Alcanzables: Asegúrate de que tus metas sean realistas y alcanzables. Considera los recursos y capacidades disponibles y ajusta tus objetivos para que sean desafiantes pero realizables.

- Relevantes: Las metas deben alinearse con tu visión a largo plazo y tus valores. Pregúntate: *¿esta meta contribuye a mi propósito general y al crecimiento de mi negocio?*

- Temporales: Establece un plazo específico para alcanzar cada meta. Esto te dará un marco temporal claro y te ayudará a mantenerte enfocado y motivado.

Técnica 2. Planificación Estratégica

Una planificación estratégica efectiva es clave para guiar tus esfuerzos hacia el éxito. Aquí tienes algunas técnicas para desarrollar un plan estratégico sólido:

- Análisis FODA: Realiza un análisis exhaustivo de tus Fortalezas, Oportunidades, Debilidades y Amenazas. Este análisis te ayudará a entender tu posición en el mercado y a identificar áreas clave para el desarrollo y la mejora de tu emprendimiento.

- Mapa de Ruta o Cronograma: Crea un mapa de ruta o cronograma que detalle los pasos necesarios para alcanzar tus metas. Incluye hitos importantes, fechas límite y recursos requeridos. Un mapa de ruta bien estructurado te proporciona una visión clara del camino a seguir.

- Plan de Acción Detallado: Desglosa tus objetivos en acciones específicas y diarias. Define qué tareas deben realizarse, quién será responsable de cada tarea, y establece plazos para cada una. Un plan de acción detallado te ayudará a mantenerte organizado y a avanzar de manera constante hacia tus metas.

Técnica 3. Técnicas de Priorización y Gestión del Tiempo

La gestión eficiente del tiempo es crucial para el éxito emprendedor. Aquí tienes algunas técnicas para maximizar tu productividad y asegurar que tus esfuerzos estén dirigidos hacia las áreas que realmente importan:

- Matriz de Eisenhower: Utiliza esta herramienta para clasificar tus tareas en cuatro categorías y su ejecución:
    - *Urgente e Importante: se hace lo antes posible.*
    - *No Urgente pero Importante: se planifica para hacerse.*
    - *Urgente pero No Importante: se delega.*
    - *No Urgente y No Importante: se rechaza.*

Enfócate en las tareas que son *Urgentes e Importantes* y planifica el tiempo para las que son *Importantes* pero *No Urgentes*.

- Técnica Pomodoro: Trabaja en intervalos de 25 minutos (pomodoros), seguidos de un breve descanso. Esta técnica te ayuda a mantener la concentración y a evitar el agotamiento.
- Lista de Tareas Prioritarias: Cada día, crea una lista de tareas prioritarias. Identifica las tareas más importantes que deben completarse y trabaja en ellas primero. Mantén tus listas actualizadas y ajusta tus prioridades según sea necesario.
- Ley de Pareto o regla del 80/20: Esta ley dice que el 20% de tus acciones son responsables del 80% de tus resultados. Identifica esas acciones y enfócate en optimizarlas y escalarlas para llevar tus resultados al siguiente nivel.

Técnica 4. Visualización y Manifestación

La visualización y la manifestación son técnicas poderosas que te permiten materializar tus objetivos. Integrarlas en tu planificación te ayudará a mantener la claridad y la motivación.

- Visualización Creativa: Dedica tiempo a visualizar tus metas y el éxito que deseas alcanzar. Imagina el resultado final con detalle, incluyendo cómo te sentirás y qué pasos tomaste para llegar allí.

Esta práctica refuerza tu compromiso y te ayuda a mantener una mentalidad positiva.

- Visual Board (Tablero de Visión): Crea un tablero de visión que muestre imágenes, palabras y frases que representen tus metas y aspiraciones. Colócalo en un lugar visible para recordarte constantemente tus objetivos y mantenerte enfocado.

Técnica 5. Evaluación y Ajuste Continuo

El éxito no es un destino fijo, sino un viaje continuo. Es crucial evaluar regularmente tu progreso y ajustar tu planificación según sea necesario.

- Revisión Periódica: Programa revisiones regulares para evaluar tu progreso hacia tus metas. Analiza qué está funcionando, qué no lo está y ajusta tu plan de acción en consecuencia.

- Adaptabilidad: Mantén una mentalidad flexible y abierta al cambio. A medida que evolucionan las circunstancias y los desafíos, estar dispuesto a adaptar tus estrategias es clave para mantenerte en el camino hacia la abundancia.

La planificación efectiva es fundamental para convertir tus sueños emprendedores en realidad. Al aplicar estas herramientas y técnicas, estarás mejor preparado para enfrentar los desafíos, mantenerte enfocado en tus objetivos y avanzar con confianza hacia el éxito. "Camino a la Abundancia" no solo te ofrece un marco práctico para la planificación, sino que también te inspira a adoptar una mentalidad de abundancia que transformará tu enfoque y resultados. Prepárate para tomar las riendas de tu futuro y diseñar un camino hacia una vida y un negocio abundantes.

EJEMPLOS DE PLANES ESTRATÉGICOS DE EMPRENDEDORES EXITOSOS

En el camino hacia el éxito, un plan estratégico bien elaborado puede marcar la diferencia entre un emprendimiento que prospera y uno que lucha por mantenerse a flote. A lo largo de la historia, varios emprendedores han demostrado que un enfoque claro y metódico puede convertir ideas innovadoras en empresas de gran éxito. A continuación, exploraremos algunos ejemplos notables de planes estratégicos que han sido fundamentales para el éxito de varios emprendedores, ofreciendo lecciones valiosas que puedes aplicar a tu propio negocio.

Jeff Bezos y la Estrategia de Expansión Gradual de Amazon

Jeff Bezos fundó Amazon en 1994 como una librería online, con una visión clara de convertirse en el *"lugar más seguro del mundo para comprar cualquier cosa"*. Su plan estratégico se basó en la expansión gradual y la reinversión de ganancias. Bezos comenzó con un enfoque específico en los libros, que permitía una alta rotación de inventario y menor riesgo. A medida que el negocio creció, Amazon diversificó su oferta, incorporando nuevos productos y servicios, como electrónica y, eventualmente, servicios en la nube con AWS (Amazon Web Services).

> <u>Lección clave:</u> La importancia de empezar con un enfoque específico y luego expandirse de manera estratégica. La reinversión de las ganancias en la expansión y la innovación puede generar un crecimiento sostenido y adaptarse a las nuevas oportunidades del mercado.

Elon Musk y la Estrategia de Innovación Disruptiva de Tesla

Elon Musk, al fundar Tesla, estableció un plan estratégico que se centraba en la innovación disruptiva y la sostenibilidad. En lugar de simplemente competir en el mercado de automóviles eléctricos, Musk se propuso revolucionar la industria automotriz con vehículos de alto rendimiento y tecnología avanzada. Tesla invirtió en el desarrollo de baterías de alta capacidad y en una infraestructura de carga global, creando una red de carga eléctrica para facilitar la adopción de sus vehículos.

Lección clave: La importancia de innovar y desafiar el status quo. Al invertir en tecnología revolucionaria y en la creación de un ecosistema completo, puede diferenciarse significativamente en un mercado saturado y atraer a clientes que buscan soluciones avanzadas.

Sara Blakely y el Enfoque en la Simplicidad de Spanx

Sara Blakely, la fundadora de Spanx, construyó su empresa desde cero con un plan estratégico centrado en la simplicidad y el entendimiento profundo del cliente. Blakely identificó una necesidad insatisfecha en el mercado de la moda: *ropa interior que fuera cómoda y al mismo tiempo favorecedora*. Su enfoque fue desarrollar un producto que resolviera ese problema específico, utilizando un marketing directo y pruebas de producto en pequeñas escalas antes de una expansión más amplia.

Lección clave: Identificar una necesidad real y enfocarse en desarrollar una solución sencilla y efectiva. La comprensión profunda de lo que los clientes realmente desean puede guiar la creación de productos exitosos y estrategias de marketing efectivas.

Howard Schultz y la Experiencia del Cliente en Starbucks

Howard Schultz transformó Starbucks de una pequeña cadena de cafés en Seattle en una marca global. Su estrategia se centró en la creación de una experiencia única para el cliente. Schultz entendió que el café no era solo una bebida, sino una experiencia social. Introdujo conceptos como el *"tercer lugar"* entre el hogar y la oficina, donde los clientes pudieran relajarse y disfrutar de una experiencia premium.

Lección clave: La importancia de crear una experiencia del cliente distintiva y memorable. Ofrecer más que solo un producto, sino un entorno y un servicio que enriquezcan la experiencia del cliente, puede establecer una fuerte lealtad a la marca y diferenciarte de la competencia.

Richard Branson y la Estrategia de Diversificación de Virgin

Richard Branson, con Virgin, ha seguido una estrategia de diversificación y marca personal. Desde su inicio en la música con Virgin Records, Branson expandió su marca a diversos sectores, incluyendo aerolíneas, telecomunicaciones, y hasta exploración espacial con Virgin Galactic. Su enfoque ha sido mantener una identidad de marca consistente mientras diversificaba en diferentes industrias.

> Lección clave: La diversificación estratégica puede permitirte aprovechar oportunidades en diferentes mercados, mientras mantienes una marca fuerte y coherente. La capacidad de adaptarse y entrar en nuevos sectores con una marca confiable puede generar un crecimiento expansivo.

Estos ejemplos de planes estratégicos muestran que el éxito no es el resultado de la suerte, sino de una planificación cuidadosa y una ejecución disciplinada. Desde la expansión gradual y la reinversión de ganancias, hasta la innovación disruptiva y la creación de experiencias únicas, cada emprendedor ha demostrado que un enfoque estratégico bien diseñado puede llevar a resultados extraordinarios.

Al aplicar estas lecciones a tu propio negocio, puedes construir un plan estratégico que no solo te impulse hacia el éxito, sino que también te permita enfrentar los desafíos con confianza y creatividad. Recuerda que cada gran empresa comenzó con una visión clara y un plan bien pensado. Tu camino hacia la abundancia comienza con la formulación de una estrategia que refleje tus objetivos, valores y sueños.

"La planificación estratégica es el puente que transforma tus sueños en metas alcanzables; es el mapa que te guía hacia la abundancia, alineando cada paso con tu máximo potencial emprendedor."

CAPÍTULO 7. TRABAJO CONSTANTE Y DISCIPLINA

CAMINO A LA ABUNDANCIA

En el camino hacia el éxito, hay dos cualidades que se destacan por encima de todas las demás: trabajo constante y disciplina. Estos no son simplemente aspectos secundarios o adiciones opcionales en la búsqueda de la abundancia; son las piedras angulares sobre las cuales se construye el éxito duradero. En este capítulo, desentrañaremos cómo estas cualidades no solo impulsan tu emprendimiento, sino que también transforman tu vida en general.

La verdad es que el éxito raramente llega de la noche a la mañana. Es el resultado de un esfuerzo continuo, de levantarse cada mañana con una visión clara y de trabajar incansablemente hacia esa meta. Pero el trabajo constante por sí solo no es suficiente; necesita ser guiado por la disciplina, la capacidad de mantenerse enfocado, de establecer prioridades y de perseverar incluso cuando los resultados parecen lejanos o los desafíos parecen insuperables.

Trabajo constante no es solo una cuestión de cantidad, sino de calidad. Se trata de aplicar tu energía y talento de manera efectiva y con un propósito claro. La disciplina, por otro lado, es la habilidad para mantener ese esfuerzo sostenido a lo largo del tiempo, para no desviarse del camino incluso cuando la motivación fluctúa. Juntas, estas cualidades crean un ciclo virtuoso de progreso y logro.

A lo largo de este capítulo, exploraremos cómo desarrollar y mantener estas cualidades en tu vida empresarial. Te proporcionaremos estrategias prácticas, ejemplos inspiradores y técnicas efectivas para integrar el trabajo constante y la disciplina en tu rutina diaria. Prepararás el terreno para un éxito que no solo se mide en logros visibles, sino en la satisfacción profunda de saber que has dado lo mejor de ti en cada paso del camino.

Prepárate para sumergirte en el proceso de construir una base sólida para tu éxito. La fórmula secreta para la abundancia no está completa sin la inquebrantable dedicación al trabajo y la disciplina, y este capítulo te mostrará cómo hacer de estos principios un pilar fundamental en tu jornada emprendedora.

EL PAPEL DE LA CONSTANCIA EN LA CREACIÓN DE LA ABUNDANCIA

En la búsqueda del éxito, uno de los ingredientes más subestimados pero esenciales es la constancia. La constancia no solo es la capacidad de mantener el esfuerzo y el enfoque a lo largo del tiempo, sino también la disciplina de seguir adelante incluso cuando los resultados tardan en aparecer. En el contexto de la creación de abundancia, la constancia actúa como el pegamento que une las metas a largo plazo con los logros diarios, asegurando que la visión de un futuro próspero no se desmorone ante los primeros desafíos.

La Constancia Construye Confianza y Credibilidad

La constancia en tus acciones y esfuerzos construye confianza y credibilidad tanto en ti mismo como en los demás. Para los emprendedores, esto significa cumplir con tus promesas, mantener un estándar elevado en tu trabajo y ser consistente en la entrega de valor. Esta fiabilidad no solo te ayuda a construir una reputación sólida, sino que también fomenta relaciones duraderas con clientes, socios y empleados. Cuando eres constante, demuestras que estás comprometido con tu visión, lo que a su vez atrae más oportunidades y refuerza tu posición en el mercado.

La Constancia Facilita el Crecimiento y la Mejora Continua

El camino hacia la abundancia está pavimentado con la práctica y la mejora continua. La constancia te permite afinar tus habilidades, aprender de tus errores y ajustar tus estrategias de manera iterativa. Cada pequeño paso constante hacia tus objetivos contribuye al crecimiento gradual y sostenido, que a menudo es más efectivo que los cambios drásticos o los esfuerzos esporádicos. A medida que avanzas, el aprendizaje acumulado y la experiencia te preparan para enfrentar desafíos mayores y aprovechar nuevas oportunidades.

La Constancia Supera la Resistencia y las Dificultades

En cualquier viaje hacia el éxito, enfrentarás obstáculos y momentos de duda. La constancia te proporciona resiliencia para superar estos momentos difíciles. Cuando persigues tus metas con determinación constante, no solo te mantienes enfocado en tus objetivos, sino que también te vuelves más fuerte frente a las adversidades. La persistencia te permite navegar a través de los periodos de incertidumbre y mantenerte en curso, incluso cuando los resultados no son inmediatos.

La Constancia Amplifica el Impacto de tus Esfuerzos

Cada acción constante que tomas, por pequeña que parezca, se suma a un efecto acumulativo. Esta acumulación de esfuerzo es lo que finalmente da lugar a una abundancia tangible. La constancia en tus esfuerzos diarios, ya sea en la mejora de tus productos, en la atención al cliente, o en el desarrollo personal, multiplica el impacto de tu trabajo y te acerca cada vez más a la realización de tus objetivos.

La Constancia Cultiva una Mentalidad de Abundancia

Adoptar la constancia como un valor fundamental también te ayuda a mantener una mentalidad de abundancia. La mentalidad de abundancia se basa en la creencia de que el éxito es el resultado de un esfuerzo continuo y bien dirigido. La constancia refuerza esta creencia al demostrar que el progreso constante y el compromiso genuino crean oportunidades y resultados. Al cultivar esta mentalidad, te alineas con la visión de que lo que inviertes en forma de tiempo y esfuerzo tiene un retorno inevitable y enriquecedor.

En la creación de abundancia, la constancia no es solo una virtud, sino una estrategia crucial. Mantener un enfoque constante y disciplinado no solo construye confianza y credibilidad, sino que también facilita el crecimiento, supera la resistencia y amplifica el impacto de tus esfuerzos. Al adoptar la constancia como un pilar de tu emprendimiento, no solo estarás en el camino hacia el éxito, sino que también estarás construyendo una base sólida sobre la cual se puede edificar una vida de abundancia y prosperidad.

En las próximas páginas descubrirás cómo integrar la constancia en cada aspecto de tu vida y negocio, transformando la persistencia en el motor de tu éxito y el catalizador de una abundancia duradera.

CÓMO MANTENER LA DISCIPLINA INCLUSO EN TIEMPOS DIFÍCILES

Mantener la disciplina en tiempos difíciles no solo es esencial, sino transformador. Es lo que te permite superar obstáculos, mantenerte enfocado en tus metas y convertir los desafíos en oportunidades. La disciplina es la capacidad de actuar con constancia y determinación, independientemente de las circunstancias. En momentos de éxito, la disciplina te impulsa a seguir creciendo y mejorando. En tiempos de adversidad, se convierte en tu ancla, manteniéndote en el rumbo cuando las aguas están turbulentas. La verdadera fuerza de la disciplina radica en su capacidad para sostenerte en el camino hacia tus objetivos, incluso cuando las motivaciones iniciales se desvanecen y los desafíos parecen insuperables.

Estrategias Para Mantener la Disciplina en Tiempos Difíciles

- Establece Rutinas Consistentes: Una de las mejores maneras de mantener la disciplina es crear rutinas diarias que te mantengan enfocado. Las rutinas proporcionan estructura y previsibilidad, ayudándote a superar la inercia y la procrastinación. Ya sea que se trate de una rutina matutina, un horario de trabajo específico o hábitos de revisión semanal, las rutinas te ayudan a crear una base sólida para tu éxito.

- Define Metas Claras y Realizables: La disciplina se sostiene sobre metas claras y alcanzables. Establece objetivos específicos y medibles que te den dirección y propósito. Desglosa estas metas en pasos más pequeños y manejables para evitar sentirte abrumado y para celebrar los logros incrementales que te mantendrán motivado.

- Encuentra tu Propósito y Motivación Interna: En tiempos difíciles, la motivación interna se convierte en tu mayor aliado. Reflexiona sobre por qué comenzaste tu emprendimiento y cuál es el impacto que deseas lograr. Conectar con tu propósito profundo te dará la fuerza para continuar, incluso cuando enfrentes dificultades.

- Mantén un Enfoque Positivo: La disciplina no significa ignorar los desafíos, sino enfrentarlos con una mentalidad positiva. En lugar de enfocarte en lo que está mal, dirige tu atención hacia soluciones y oportunidades. Mantén un diálogo interno constructivo y rodéate de influencias positivas que te ayuden a mantener la perspectiva correcta.

- <u>Desarrolla Resiliencia y Flexibilidad:</u> La disciplina en tiempos difíciles requiere resiliencia, es decir, la capacidad de adaptarse y recuperarse de los contratiempos. Aprende a ajustar tus estrategias y expectativas según sea necesario, sin perder de vista tus objetivos finales. La flexibilidad es clave para mantener tu rumbo mientras navegas por los desafíos imprevistos.

- <u>Celebra los Logros y Aprende de los Fracasos:</u> Reconocer y celebrar tus logros, no importa cuán pequeños sean, fortalece tu compromiso y disciplina. Del mismo modo, trata los fracasos como oportunidades de aprendizaje. Analiza lo que no funcionó, ajusta tu enfoque y sigue adelante con mayor determinación.

La Disciplina Como Práctica Continua

La disciplina no es una habilidad que se desarrolla de la noche a la mañana. Es una práctica continua que se fortalece con el tiempo. Cada día es una oportunidad para ejercitar y reforzar tu disciplina. Enfrentar los desafíos con una actitud disciplinada te ayudará a construir una base sólida para el éxito sostenido. Recuerda que, en última instancia, la disciplina te conecta con tu potencial más alto, ayudándote a transformar cada desafío en un peldaño hacia el éxito.

A través de la disciplina, no solo superarás los momentos difíciles, sino que también te acercarás a la vida y al negocio abundantes que mereces. Así que, sigue adelante con constancia y determinación, sabiendo que cada paso disciplinado te acerca a tu éxito.

HISTORIAS DE PERSEVERANCIA EN EL MUNDO DE LOS NEGOCIOS

En el mundo del emprendimiento, las historias de perseverancia son las que realmente destacan, inspirando a otros a seguir adelante a pesar de las adversidades. Cada gran éxito en los negocios está acompañado por desafíos y fracasos, pero lo que diferencia a los triunfadores es su capacidad para persistir. A continuación, comparto algunas historias ejemplares de perseverancia que demuestran cómo la determinación y la resiliencia pueden transformar obstáculos en oportunidades.

La Historia de Howard Schultz y Starbucks

Howard Schultz, el hombre detrás de la transformación de Starbucks en una marca global, comenzó su viaje en un contexto muy diferente. En la década de 1980, Starbucks era una pequeña tienda de café en Seattle, conocida solo localmente. Schultz, quien trabajaba en una empresa de ventas de café, vio un potencial inmenso en el modelo de negocio de Starbucks. Sin embargo, cuando propuso su visión de expandir Starbucks en una cadena de cafeterías estilo italiano, los propietarios originales rechazaron la idea.

A pesar del rechazo, Schultz no se rindió. Decidió dejar su trabajo y abrir su propia cadena de cafeterías, llamada *Il Giornale*, para probar su concepto. Con éxito creciente, Schultz pudo comprar Starbucks en 1987. Lo que siguió fue una serie de desafíos, desde la crisis financiera hasta la competencia feroz. Pero Schultz persistió, innovó y adaptó el modelo de negocio. Hoy en día, Starbucks es una de las cadenas de café más reconocidas y exitosas del mundo, todo gracias a la perseverancia de un visionario que no aceptó un "no" por respuesta.

La Superación de Oprah Winfrey

Oprah Winfrey, una de las figuras más influyentes de los medios de comunicación, tuvo un comienzo extremadamente difícil. Nacida en la pobreza en el sur de Estados Unidos, enfrentó numerosos desafíos en su juventud, incluidos abusos y una vida en condiciones precarias. A pesar de estos obstáculos, Oprah mantuvo una determinación férrea de cambiar su destino.

Comenzó su carrera en televisión local y, aunque enfrentó rechazo y dificultades, persistió en su búsqueda de una plataforma más grande. Enfrentó y superó desafíos significativos, desde ser despedida de su primer trabajo importante hasta enfrentar una competencia intensa en el mercado. Su perseverancia y habilidad para conectar genuinamente con su audiencia finalmente la llevaron a crear "*The Oprah Winfrey Show*", un programa que revolucionó el formato de talk shows y la catapultó a un éxito global.

Elon Musk y la Conquista del Espacio

Elon Musk, fundador de SpaceX y Tesla, es un ejemplo icónico de perseverancia en el ámbito tecnológico y espacial. Musk enfrentó numerosos desafíos y fracasos en su camino hacia el éxito. SpaceX, por ejemplo, tuvo varios lanzamientos fallidos en sus primeros años. Los primeros cohetes no lograron alcanzar la órbita, lo que puso a la empresa al borde de la quiebra.

En lugar de rendirse, Musk utilizó estos fracasos como oportunidades para aprender y mejorar. Cada error le enseñó algo nuevo y le permitió refinar sus estrategias. Su persistencia y enfoque en la innovación finalmente llevaron a SpaceX a desarrollar cohetes reutilizables, revolucionando la industria espacial. Hoy en día, SpaceX es un líder en tecnología espacial y ha logrado hitos impresionantes, como el primer aterrizaje exitoso de un cohete en una plataforma flotante en el mar.

J.K. Rowling y el Éxito de Harry Potter

J.K. Rowling, la autora de la famosa serie de Harry Potter, pasó por una serie de dificultades personales antes de alcanzar el éxito. Antes de publicar su primer libro, Rowling era una madre soltera que vivía de la asistencia social, luchando contra la depresión y la pobreza. La historia de Harry Potter fue rechazada por múltiples editoriales antes de que finalmente una pequeña editorial decidiera darle una oportunidad.

Rowling persistió a pesar de los rechazos y las dificultades, y su determinación valió la pena. La serie de Harry Potter no solo se convirtió en un fenómeno mundial, sino que Rowling también se convirtió en una de las autoras más exitosas de todos los tiempos. Su historia es un testimonio del poder de la perseverancia y la creencia en su propia visión, a pesar de las adversidades.

Estas historias de perseverancia en el mundo de los negocios muestran que el éxito raramente llega sin enfrentar desafíos. Los emprendedores que alcanzan el éxito son aquellos que, a pesar de los fracasos y las dificultades, continúan adelante con determinación y optimismo. Al enfrentar tus propios desafíos empresariales, recuerda que cada obstáculo es una oportunidad para aprender, crecer y avanzar. La perseverancia es una cualidad esencial para cualquier emprendedor, y estas historias demuestran que, con tenacidad y una mentalidad positiva, puedes convertir los fracasos en escalones hacia el éxito.

> "El trabajo constante y la disciplina son las fuerzas silenciosas que transforman los sueños en realidades; son el camino seguro hacia la abundancia y el desbloqueo de tu máximo potencial como ser humano."

CAPÍTULO 8. EL PODER DE LAS RELACIONES

CAMINO A LA ABUNDANCIA

En el camino hacia el éxito, uno de los activos más valiosos y a menudo subestimados es el poder de las relaciones. En este capítulo, exploraremos cómo las conexiones humanas, más allá de las transacciones y los acuerdos, juegan un papel fundamental en la creación y sostenimiento de una vida y un negocio abundantes.

Las relaciones no son solo un aspecto complementario en el mundo de los negocios; son el núcleo sobre el cual se construye una red de apoyo, confianza y oportunidades. A menudo, el éxito no se trata únicamente de lo que sabes o de cómo manejas tus recursos, sino de quién conoces y cómo interactúas con esas personas. Las relaciones profundas y significativas tienen el poder de abrir puertas que de otro modo permanecerían cerradas, proporcionar perspectivas valiosas y ofrecer el respaldo necesario en momentos críticos.

En este capítulo, te invito a descubrir el verdadero poder de las relaciones al explorar cómo construir conexiones auténticas que trasciendan el ámbito profesional. Aprenderás cómo cultivar una red sólida basada en la reciprocidad y el valor mutuo, y cómo estas relaciones pueden transformar tu negocio, tu vida y tu mentalidad.

Prepárate para sumergirte en el arte de conectar de manera genuina y efectiva, y a descubrir cómo el poder de las relaciones puede ser la clave para desbloquear una abundancia sin precedentes en todos los aspectos de tu vida y carrera.

CÓMO LAS CONEXIONES CORRECTAS PUEDEN IMPULSAR TU ÉXITO

En el camino hacia el éxito, a menudo se nos enseña que el trabajo arduo, la innovación y la estrategia son los pilares fundamentales para alcanzar la abundancia. Sin embargo, hay un factor igualmente crucial que frecuentemente se pasa por alto: *el poder de las conexiones correctas.* Las relaciones que construimos y nutrimos a lo largo de nuestra carrera no solo pueden abrir puertas, sino también acelerar nuestro camino hacia el éxito y la abundancia.

Construir una red de contactos efectiva es más que simplemente intercambiar tarjetas de presentación o agregar contactos. Se trata de construir relaciones auténticas y significativas con personas que no solo te apoyen, sino que también compartan tu visión y valores. Estas conexiones pueden ofrecerte oportunidades que de otro modo serían inalcanzables, desde colaboraciones estratégicas y mentorías hasta recomendaciones valiosas y alianzas comerciales.

Las conexiones correctas son esas relaciones que van más allá del mero contacto superficial. Son aquellas en las que se establece un verdadero entendimiento mutuo, confianza y respeto. Estas relaciones se basan en la calidad, no en la cantidad. Un puñado de conexiones significativas puede ser mucho más valioso que una extensa red de contactos que no conocen ni apoyan tus objetivos.

Colaboraciones Estratégicas: Creando Valor Compartido

Las colaboraciones estratégicas son uno de los beneficios más poderosos de tener las conexiones adecuadas. Al trabajar con otros emprendedores, profesionales o empresas que complementan tu negocio, puedes crear sinergias que multiplican el valor para ambas partes. Estas asociaciones pueden llevar a nuevos clientes, ideas innovadoras y soluciones creativas que no podrías haber logrado solo.

Imagina colaborar con un experto en un área complementaria a la tuya. Este experto puede aportar conocimientos y habilidades que tú no tienes, mientras tú le ofreces tu propia experiencia y red de contactos. Juntos, pueden abordar proyectos más grandes, enfrentar desafíos con mayor eficacia y, en última instancia, generar más éxito para ambos.

Mentoría y Aprendizaje: Guiándote Hacia el Éxito

Un mentor puede ser una de las conexiones más valiosas que puedes tener en tu viaje emprendedor. Los mentores son personas con experiencia y sabiduría que pueden ofrecerte orientación, consejos y apoyo durante tu trayectoria. Tener a alguien que ha recorrido el camino antes que tú te permite evitar errores comunes, tomar decisiones más informadas y acelerar tu aprendizaje.

Además de los mentores, las conexiones con otros emprendedores pueden proporcionar una fuente constante de inspiración y aprendizaje. Participar en grupos de apoyo, comunidades empresariales y redes de colegas te permite estar al tanto de las últimas tendencias, recibir retroalimentación constructiva y compartir experiencias que enriquecen tu perspectiva y estrategia.

Construyendo Relaciones Duraderas: el Arte de la Generosidad

El éxito en los negocios no se trata solo de lo que puedes obtener de las personas, sino también de lo que puedes ofrecerles. La generosidad es clave para construir relaciones duraderas y significativas. Al brindar apoyo, compartir tus conocimientos y ayudar a otros sin esperar nada a cambio, te posicionas como una persona valiosa y confiable dentro de tu red.

Cuando actúas con generosidad, no solo fortaleces tus conexiones, sino que también creas un entorno en el que la colaboración y el apoyo mutuo florecen. Esta actitud no solo te beneficia a ti, sino que también enriquece a todos los que te rodean, creando una red de relaciones robusta que impulsa el éxito compartido.

Las conexiones correctas son una pieza esencial en tu camino a la abundancia. No se trata solo de conocer a la mayor cantidad de personas posible, sino de establecer relaciones significativas y mutuamente beneficiosas que te apoyen en tu camino hacia el éxito. Al invertir en construir una red sólida, colaborar con otros y ofrecer tu apoyo generosamente, crearás un ecosistema de oportunidades y recursos que te permitirá alcanzar una abundancia duradera y significativa.

Recuerda, el verdadero poder de las conexiones correctas radica en la capacidad de transformar tu visión en realidad a través del apoyo, la colaboración y el aprendizaje compartido. Aprovecha cada oportunidad para conectar de manera auténtica, y verás cómo estas relaciones se convierten en catalizadores para tu éxito y prosperidad.

CONSTRUYENDO UNA RED DE APOYO Y MENTORES: EL PILAR DE TU ÉXITO Y ABUNDANCIA

En el camino hacia el éxito y la abundancia, uno de los activos más valiosos que puedes tener es una red sólida de apoyo y mentores. La creación de una red de este tipo no solo te proporciona recursos, consejos y oportunidades, sino que también te ofrece un soporte emocional y estratégico esencial para superar los desafíos y alcanzar tus metas más ambiciosas.

La Importancia de una Red de Apoyo

- Acceso a Conocimientos y Experiencias: Una red de apoyo bien construida está formada por individuos con diversas experiencias y habilidades. Estos contactos te ofrecen perspectivas valiosas y conocimientos prácticos que puedes aplicar en tu propio emprendimiento. Ya sea que necesites asesoramiento sobre una estrategia específica, consejos sobre la gestión de tu negocio, o ideas para superar obstáculos, tener acceso a una variedad de puntos de vista te ayudará a tomar decisiones más informadas y efectivas.

- Oportunidades de Colaboración: Al rodearte de personas con ideas afines y complementarias, creas oportunidades para la colaboración. La cooperación con otros emprendedores, profesionales y expertos puede llevar a nuevas alianzas, proyectos conjuntos y oportunidades de negocio que quizás no habrías considerado por tu cuenta. La colaboración enriquece tu visión y expande tu capacidad para alcanzar tus metas.

- Soporte Emocional y Motivacional: Emprender puede ser un viaje solitario y desafiante. Tener una red de apoyo te proporciona el respaldo emocional que necesitas para mantenerte motivado y enfocado. Los mentores y colegas que creen en ti pueden ofrecer palabras de aliento, compartir sus propias historias de superación y ayudarte a mantener una mentalidad positiva incluso en los momentos difíciles.

- Acceso a Recursos y Oportunidades: Los miembros de tu red pueden proporcionarte acceso a recursos que de otro modo serían difíciles de conseguir. Esto puede incluir conexiones valiosas, recomendaciones, referencias de clientes o incluso oportunidades de financiamiento. A menudo, el éxito se construye sobre la base de los recursos que puedes acceder y utilizar de manera efectiva.

Cómo Construir una Red de Apoyo Eficaz

- Identifica a las Personas Clave: Comienza por identificar a individuos que puedan aportar valor a tu red. Busca mentores que hayan recorrido el camino que tú estás comenzando, colegas que compartan tus intereses y valores, y profesionales que puedan ofrecerte perspectivas únicas. Estos pueden ser empresarios experimentados, líderes de la industria, o incluso compañeros emprendedores que estén en etapas similares a la tuya.

- Participa en Comunidades y Eventos: Involúcrate en comunidades empresariales y eventos de networking. Participa en conferencias, seminarios y talleres relacionados con tu industria. Estas oportunidades te permitirán conocer a personas influyentes, aprender de sus experiencias y construir relaciones significativas que pueden ser beneficiosas para tu emprendimiento.

- Sé Proactivo y Generoso: La construcción de una red de apoyo no es un proceso unidireccional. Asegúrate de aportar valor a los demás y de ser generoso con tu tiempo y conocimientos. La reciprocidad es clave en cualquier relación. Al ofrecer tu ayuda, compartir tus conocimientos y ser un recurso valioso para otros, fortalecerás tu red y fomentarás relaciones más profundas y duraderas.

- Busca y Elige Mentores con Cuidado: Encuentra mentores que no solo tengan la experiencia que necesitas, sino que también compartan tus valores y visión. Los mentores adecuados te guiarán, te desafiarán a crecer y te ofrecerán consejos prácticos basados en su experiencia personal. Mantén una relación abierta y comunicativa con ellos, estableciendo expectativas claras sobre cómo pueden apoyarte en tu camino hacia el éxito.

- Cultiva y Mantén Relaciones: La construcción de una red es solo el comienzo. Para que sea efectiva, debes cultivar y mantener estas relaciones a lo largo del tiempo. Mantén el contacto regular, actualiza a tus contactos sobre tu progreso y muestra aprecio por su apoyo. Las relaciones más sólidas se construyen sobre una base de confianza y compromiso mutuo.

El Poder de una Red de Apoyo y Mentores

Una red de apoyo y mentores bien cultivada es un activo invaluable en tu camino hacia el éxito y la abundancia. No solo te proporciona los recursos y el conocimiento necesario para superar desafíos, sino que también te ofrece el respaldo emocional y la motivación para seguir adelante. Al construir y nutrir estas relaciones, te rodearás de personas que te inspiran, te apoyan y te desafían a alcanzar nuevas alturas.

Recuerda, el camino hacia el éxito es más accesible cuando no lo recorres solo. Al integrar una red sólida de apoyo y mentores en tu estrategia, te posicionas para lograr no solo tus objetivos, sino también para crear una vida y un negocio llenos de riqueza, propósito y abundancia.

EL PODER TRANSFORMADOR DE LAS RELACIONES Y CONEXIONES EN LOS NEGOCIOS

En el mundo del emprendimiento, el éxito rara vez se logra en solitario. A menudo, es el resultado de una red sólida de relaciones y conexiones que no solo proporcionan apoyo, sino que también abren puertas a nuevas oportunidades. Las historias de éxito empresarial están llenas de ejemplos de cómo las relaciones estratégicas y las conexiones significativas han sido catalizadores para el crecimiento y la transformación. A continuación, exploraremos algunos ejemplos inspiradores de cómo las relaciones han transformado negocios, demostrando el poder de construir y nutrir una red de contactos efectiva.

La Historia de Steve Jobs y la Colaboración con Steve Wozniak

Steve Jobs y Steve Wozniak son nombres icónicos en la historia de la tecnología y el emprendimiento. Su colaboración es un ejemplo clásico de cómo una conexión personal puede revolucionar una industria. Jobs, con su visión y habilidad para ver el potencial del mercado, y Wozniak, con su destreza técnica y creatividad, se complementaron perfectamente. Juntos fundaron Apple Inc., una empresa que cambiaría el mundo de la informática y la tecnología. La sinergia entre sus habilidades y visiones distintas pero complementarias es un testimonio de cómo las relaciones y las colaboraciones pueden llevar a resultados extraordinarios.

La Alianza Estratégica de Nike y Michael Jordan

La asociación entre Nike y el basquetbolista Michael Jordan es otro ejemplo notable de cómo las conexiones pueden transformar negocios. En 1984, Nike estaba en busca de una forma de competir con las grandes marcas deportivas. Al colaborar con Michael Jordan, un atleta emergente, Nike no solo logró asociarse con un icono del deporte, sino que también lanzó la línea de zapatillas Air Jordan, que se convirtió en un fenómeno cultural. Esta alianza no solo elevó el perfil de Nike, sino que también catapultó a Jordan a un estatus de leyenda. La relación estratégica entre una marca y un atleta demostró cómo una conexión bien gestionada puede generar un impacto duradero y significativo.

El Éxito de LinkedIn y su Fundador Reid Hoffman

LinkedIn, la red social profesional más grande del mundo, es el resultado de la visión y las conexiones de su fundador, Reid Hoffman. Hoffman entendió desde el principio que construir una red sólida de contactos y conectar a profesionales de manera efectiva era clave para el éxito de LinkedIn. Su habilidad para cultivar relaciones con inversores, líderes empresariales y profesionales influyentes permitió a LinkedIn crecer de una simple idea a una plataforma global que facilita millones de conexiones profesionales cada día. El éxito de LinkedIn subraya cómo la capacidad para construir y mantener relaciones de calidad puede impulsar un negocio a nuevas alturas.

La Evolución de Airbnb a Través de las Relaciones con los Usuarios

Airbnb, la plataforma de alquileres a corto plazo, transformó el mercado de la hospitalidad a través de un enfoque centrado en las relaciones con sus usuarios. Los fundadores, Brian Chesky y Joe Gebbia, se dieron cuenta de que para construir una comunidad confiable y leal, necesitaban establecer conexiones genuinas con anfitriones y huéspedes. Al escuchar a sus usuarios, adaptar sus servicios a sus necesidades y fomentar una comunidad de confianza, Airbnb creció rápidamente. La empresa construyó relaciones sólidas y una red de usuarios comprometidos, lo que le permitió expandirse globalmente y revolucionar la industria de la hospitalidad.

Estos ejemplos muestran que las relaciones y conexiones no son simplemente aspectos secundarios en el mundo de los negocios; son fundamentales para el éxito y la transformación empresarial. Cultivar y nutrir una red sólida, colaborar con socios estratégicos y construir relaciones genuinas con clientes y empleados pueden marcar la diferencia entre el éxito y el estancamiento. La clave del éxito emprendedor no está solo en lo que sabes o en lo que haces, sino en las relaciones que construyes y en cómo estas relaciones te ayudan a crecer y prosperar.

> "Las relaciones auténticas son puentes hacia la abundancia; cuando te rodeas de personas que te inspiran y apoyan, el éxito se vuelve un viaje compartido."

CAPÍTULO 9. COMUNICACIÓN EFECTIVA

CAMINO A LA ABUNDANCIA

La comunicación es el hilo conductor que teje el éxito en cualquier emprendimiento. Más allá de las ideas brillantes, las estrategias innovadoras y los recursos financieros, la habilidad para comunicar de manera clara, persuasiva y auténtica es lo que realmente conecta a un emprendedor con su equipo, clientes, socios y el mundo en general. En el camino hacia la abundancia, dominar el arte de la comunicación efectiva es esencial.

En este capítulo, exploraremos cómo la comunicación va mucho más allá de simplemente transmitir un mensaje. Veremos cómo cada palabra, gesto y acción tiene el poder de influir, inspirar y movilizar a quienes te rodean. Desde la forma en que te presentas ante un cliente potencial, hasta cómo gestionas las relaciones dentro de tu equipo, la comunicación efectiva es la clave para construir y mantener conexiones sólidas, generar confianza y, en última instancia, alcanzar el éxito.

Descubrirás técnicas prácticas para mejorar tus habilidades de comunicación, aprenderás a escuchar activamente, a expresar tus ideas con claridad y a transmitir tu visión con pasión. Además, veremos cómo la comunicación no verbal y la inteligencia emocional juegan un papel crucial en la manera en que te relacionas con los demás. Al dominar estos aspectos, estarás mejor equipado para liderar, negociar y, sobre todo, crear un impacto positivo y duradero en tu entorno empresarial.

Prepárate para transformar la forma en que te comunicas y, con ello, abrir nuevas puertas hacia la abundancia en tu vida y en tu negocio.

LA IMPORTANCIA DE LA COMUNICACIÓN EN LA CREACIÓN DE LA ABUNDANCIA

La comunicación es una de las herramientas más poderosas que tienes como emprendedor para crear abundancia en tu vida y en tu negocio. A menudo subestimada, la forma en que te comunicas —no solo con los demás, sino también contigo mismo— puede ser la diferencia entre el éxito y el fracaso. La comunicación efectiva no solo abre puertas; construye puentes, establece relaciones duraderas y crea oportunidades donde antes no las había.

Comunicación con Uno Mismo: el Diálogo Interno

La creación de la abundancia comienza con el diálogo interno. Lo que te dices a ti mismo día a día, minuto a minuto, forma la base de tu mentalidad. Si constantemente te repites que no hay suficientes recursos, tiempo o talento, estarás reforzando una mentalidad de escasez que limitará tu capacidad de ver y aprovechar las oportunidades.

Por el contrario, una comunicación interna positiva, basada en la confianza y la gratitud, fomenta una mentalidad de abundancia. Al hablarte a ti mismo con palabras de aliento, optimismo y autocompasión, entrenas tu mente para enfocarse en las posibilidades en lugar de en las limitaciones. Este cambio en tu diálogo interno te impulsa a tomar decisiones más audaces, a perseverar frente a los desafíos y a creer en tu capacidad para crear la vida y el negocio que deseas.

Comunicación con los Demás: Construir Relaciones Significativas

La abundancia no se crea en aislamiento; se cultiva a través de relaciones significativas y colaboraciones estratégicas. La comunicación es la base de estas relaciones. Cuando te comunicas de manera clara, honesta y auténtica, estableces confianza, un elemento esencial para cualquier relación exitosa.

Además, la capacidad de escuchar activamente es tan importante como la de expresarse con claridad. Al comprender realmente las necesidades, deseos y preocupaciones de los demás, puedes identificar oportunidades de colaboración que no solo beneficien a tu negocio, sino que también aporten valor a todas las partes involucradas.

En el mundo de los negocios, la comunicación efectiva abre puertas a nuevas oportunidades, ya sea en la forma de asociaciones, acuerdos comerciales o nuevas ideas que surgen de una conversación significativa. Una red de relaciones bien establecidas, basada en una comunicación sólida, es uno de los activos más valiosos que un emprendedor puede tener para crear y mantener la abundancia.

Comunicación con el Mercado: Transmitir Valor

Para crear abundancia en tu negocio, es crucial que sepas comunicar el valor de lo que ofreces. Esto va más allá de simples tácticas de marketing; se trata de cómo expresas tu misión, visión y los beneficios únicos de tus productos o servicios. Tu capacidad para articular claramente cómo puedes resolver los problemas de tus clientes y mejorar sus vidas determinará el éxito de tu emprendimiento.

Una comunicación efectiva con el mercado implica entender a tu audiencia en un nivel profundo, conocer sus necesidades y deseos, y hablar su idioma. No se trata solo de vender, sino de conectar emocionalmente, de manera que tus clientes sientan que tu éxito es su éxito, y viceversa.

Comunicación en Tiempos Difíciles: Mantener la Calma y el Enfoque

La verdadera prueba de la comunicación efectiva se da en tiempos de crisis o desafío. Cuando las cosas no salen según lo planeado, tu capacidad para mantener la calma, comunicar con claridad y proporcionar liderazgo es esencial para mantener la abundancia. En estos momentos, una comunicación abierta y honesta con tu equipo, socios y clientes no solo preserva la confianza, sino que también demuestra tu resiliencia y compromiso con la visión a largo plazo.

La transparencia y la empatía en la comunicación durante los tiempos difíciles pueden fortalecer las relaciones, alinear a todos hacia un objetivo común y mantener la moral alta, lo que es crucial para superar los desafíos y continuar avanzando hacia la abundancia.

La comunicación es el hilo conductor que une todos los aspectos de la creación de abundancia. Desde el diálogo interno que forma tu mentalidad hasta las relaciones que construyes y cómo te presentas al mundo, tu éxito como emprendedor está intrínsecamente ligado a tu capacidad para comunicarte de manera efectiva. Al dominar el arte de la comunicación, estarás mejor equipado para cultivar una mentalidad de abundancia, construir relaciones que impulsen tu negocio, y transmitir el valor de lo que ofreces de manera que resuene con los demás.

En última instancia, la comunicación es más que una habilidad; es un puente hacia la creación de una vida y un negocio llenos de abundancia, donde cada palabra y cada interacción te acerca un paso más a la realización de tus sueños y metas.

TÉCNICAS PARA MEJORAR TUS HABILIDADES DE COMUNICACIÓN

En el mundo del emprendimiento, la capacidad de comunicarte de manera efectiva es uno de los activos más valiosos que puedes desarrollar. Ya sea que estés presentando una idea a inversores, motivando a tu equipo, negociando con proveedores o conectando con tus clientes, tu éxito dependerá en gran medida de cómo transmitas tus mensajes. La buena noticia es que la comunicación es una habilidad que se puede mejorar con práctica y estrategias específicas. A continuación, te presento algunas técnicas clave para elevar tus habilidades de comunicación y, con ellas, tu capacidad para alcanzar el éxito.

Técnica 1. Escucha Activa: la Base de la Buena Comunicación

Una de las habilidades más subestimadas en la comunicación es la escucha activa. Escuchar activamente significa estar completamente presente en la conversación, enfocándote en lo que la otra persona está diciendo sin interrupciones ni distracciones.

> Consejo Práctico: Cuando estés en una conversación, evita pensar en tu respuesta mientras la otra persona habla. En lugar de eso, concéntrate en entender realmente su punto de vista. Usa gestos como asentir con la cabeza o hacer preguntas para demostrar que estás comprometido en la conversación.

Técnica 2. Claridad y Concisión: Menos Es Más

En el ámbito empresarial, el tiempo es un recurso valioso. Ser claro y conciso en tu comunicación no solo ahorra tiempo, sino que también reduce la posibilidad de malentendidos. Aprende a ir al grano, eliminando el lenguaje innecesario y centrándote en los puntos clave.

> Consejo Práctico: Antes de comunicar un mensaje importante, haz una lista de los puntos principales que deseas transmitir. Ensaya presentarlos de manera directa y sencilla, para que tu mensaje sea claro y fácil de entender.

Técnica 3. Adaptabilidad: Conoce a tu Audiencia

No todas las audiencias son iguales. Adaptar tu estilo de comunicación a las necesidades y expectativas de tu audiencia es esencial para asegurar que tu mensaje sea bien recibido. Esto significa ajustar tu tono, lenguaje y enfoque según a quién estés hablando, ya sean inversores, empleados, clientes o colegas.

> Consejo Práctico: Antes de cualquier reunión o presentación, investiga a tu audiencia. *¿Qué les importa? ¿Cuál es su nivel de conocimiento sobre el tema?* Usa esta información para adaptar tu mensaje y resonar mejor con ellos.

Técnica 4. Lenguaje Corporal: Habla con tu Cuerpo

El lenguaje corporal juega un papel crucial en cómo se percibe tu mensaje. Gestos, posturas y expresiones faciales pueden reforzar tus palabras o, en algunos casos, contradecirlas. Una comunicación efectiva implica ser consciente de tu lenguaje corporal y usarlo para complementar tu mensaje verbal.

> Consejo Práctico: Practica frente a un espejo o grábate en vídeo para observar tu lenguaje corporal mientras hablas. Asegúrate de mantener una postura abierta, hacer contacto visual y usar gestos naturales para enfatizar tus puntos clave.

Técnica 5. Empatía: Conectando a Nivel Humano

La empatía en la comunicación es la capacidad de comprender y compartir los sentimientos de otra persona. Esta habilidad no solo mejora la calidad de tus interacciones, sino que también fortalece las relaciones, creando un ambiente de confianza y cooperación.

> Consejo Práctico: En tus interacciones, haz un esfuerzo consciente por ponerte en el lugar de la otra persona. Intenta comprender sus emociones y perspectivas antes de responder. Frases como *"Entiendo cómo te sientes"* pueden ayudar a construir una conexión más profunda.

Técnica 6. Feedback Efectivo: Da y Recibe con Gracia

El feedback, tanto positivo como constructivo, es una herramienta poderosa en el crecimiento personal y profesional. Saber cómo dar y recibir feedback de manera efectiva es crucial para mejorar la comunicación y fomentar un ambiente de aprendizaje y mejora continua.

> Consejo Práctico: Cuando des feedback, sé específico y enfócate en el comportamiento, no en la persona. Usa un enfoque equilibrado, comenzando con lo positivo, señalando áreas de mejora y concluyendo con un comentario motivador. Al recibir feedback, mantén una actitud abierta y dispuesta a aprender.

Técnica 7. Persuasión: Influencia con Integridad

La persuasión es la habilidad de influir en los demás para que adopten una idea o tomen una acción. Sin embargo, una persuasión efectiva debe estar basada en la integridad y el respeto, no en la manipulación. Para persuadir con éxito, necesitas entender las motivaciones de la otra persona y alinear tu mensaje con sus intereses.

> Consejo Práctico: Identifica qué es lo que más le importa a tu audiencia y ajusta tu mensaje para mostrar cómo lo que propones les beneficiará directamente. Usa historias, datos y ejemplos concretos para respaldar tus argumentos.

Técnica 8. Practicar la Paciencia y la Tolerancia

Finalmente, la paciencia y la tolerancia son virtudes esenciales en la comunicación, especialmente en situaciones difíciles o estresantes. Ser paciente te permite responder de manera más considerada y efectiva, mientras que la tolerancia te ayuda a mantener una actitud abierta ante diferentes puntos de vista.

> Consejo Práctico: En situaciones de alta presión, tómate un momento para respirar profundamente antes de responder. Esto te permitirá procesar la información y responder de manera más calmada y efectiva.

Mejorar tus habilidades de comunicación es un proceso continuo que requiere autoconocimiento, práctica y la voluntad de aprender y adaptarte. Al aplicar estas técnicas en tu vida diaria como emprendedor, no solo mejorarás la forma en que transmites tus ideas, sino que también fortalecerás tus relaciones, ganarás la confianza de los demás y, en última instancia, potenciarás tu éxito. La comunicación efectiva es una de las piedras angulares de la abundancia, y dominarla te permitirá abrir puertas hacia nuevas oportunidades y logros en tu viaje empresarial.

EJERCICIOS PRÁCTICOS PARA MEJORAR LA COMUNICACIÓN EN LOS NEGOCIOS

La comunicación efectiva es la columna vertebral de cualquier emprendimiento exitoso. No importa cuán innovadora sea tu idea o cuán sólida sea tu estrategia; si no puedes comunicar tu visión de manera clara y convincente, tus esfuerzos pueden perderse en la confusión. Para ayudarte a perfeccionar tus habilidades de comunicación en los negocios, he diseñado una serie de ejercicios prácticos que te permitirán no solo transmitir tus ideas con mayor claridad, sino también conectarte mejor con tus clientes, socios y equipo.

Ejercicio 1. Escucha Activa y Feedback Constructivo

Objetivo: Desarrollar la capacidad de escuchar activamente y proporcionar retroalimentación constructiva.

Ejercicio:

- Paso 1: En tu próxima reunión, ya sea con un cliente, un socio o tu equipo, concéntrate en escuchar sin interrumpir. Toma notas mentales de los puntos clave y las emociones detrás de las palabras. Tu objetivo es comprender completamente la perspectiva de la otra persona antes de responder.

- Paso 2: Después de que la otra persona termine de hablar, resume lo que escuchaste en tus propias palabras para confirmar que has entendido correctamente. Esto muestra que valoras su perspectiva y ayuda a evitar malentendidos.

- Paso 3: Proporciona tu feedback de manera constructiva. Empieza destacando algo positivo antes de abordar cualquier área de mejora. Termina ofreciendo sugerencias o soluciones concretas.

Beneficio: Este ejercicio mejora tu habilidad para escuchar, aumenta la claridad en la comunicación y fortalece las relaciones laborales al mostrar empatía y consideración por las ideas y sentimientos de los demás.

Ejercicio 2. Claridad y Concisión en los Mensajes

Objetivo: Aprender a comunicar tus ideas de manera clara y concisa.

Ejercicio:

- Paso 1: Escribe una descripción de tu proyecto o idea de negocio en no más de 300 palabras. Sé lo más claro y específico posible.

- Paso 2: Revisa tu descripción y redúcela a 150 palabras, manteniendo solo los puntos más cruciales.

- Paso 3: Ahora, intenta condensar tu mensaje a una sola oración. Esta oración debe captar la esencia de lo que quieres comunicar sin perder claridad.

- Paso 4: Practica compartir esta versión condensada en una conversación o presentación, prestando atención a la reacción de tu audiencia. Ajusta según sea necesario para maximizar la comprensión.

Beneficio: Este ejercicio te ayudará a eliminar la ambigüedad y a asegurarte de que tu mensaje sea directo y fácil de entender, lo cual es crucial en reuniones, presentaciones y negociaciones.

Ejercicio 3. Comunicación No Verbal

Objetivo: Mejorar la conciencia y el uso de la comunicación no verbal.

Ejercicio:

- Paso 1: Frente a un espejo, observa tu lenguaje corporal mientras hablas sobre un tema que te apasiona. Presta atención a tus gestos, postura, expresiones faciales y contacto visual.

- Paso 2: Identifica cualquier gesto o expresión que no sea coherente con tu mensaje verbal (por ejemplo, cruzar los brazos mientras afirmas estar abierto a nuevas ideas).

- Paso 3: En tu próxima reunión, enfócate en utilizar un lenguaje corporal abierto y positivo: mantén contacto visual, asiente con la cabeza para mostrar acuerdo, y usa las manos para enfatizar puntos importantes.

- Paso 4: Después de la reunión, reflexiona sobre cómo tu lenguaje corporal pudo haber influido en la interacción. ¿Notaste una mejor conexión o comprensión por parte de la otra persona?

Beneficio: Este ejercicio te hará más consciente de tu comunicación no verbal, permitiéndote alinear mejor tus palabras con tu lenguaje corporal, lo que resultará en una comunicación más coherente y persuasiva.

Ejercicio 4. Role-Playing de Situaciones Desafiantes

Objetivo: Practicar la resolución de conflictos y la negociación en un entorno seguro.

Ejercicio:

- Paso 1: Identifica una situación de comunicación desafiante que podrías enfrentar en tu negocio, como negociar con un cliente difícil o resolver un conflicto en tu equipo.

- Paso 2: Reúne a un par de colegas o amigos y explica la situación. Asigna roles a cada persona (por ejemplo, tú como el negociador y otro como el cliente).

- Paso 3: Lleva a cabo el role-playing, practicando diferentes enfoques y respuestas. Toma nota de qué estrategias de comunicación funcionan mejor y cuáles no.

- Paso 4: Al finalizar, discute la experiencia con tus compañeros de rol y recibe feedback sobre tu desempeño. Repite el ejercicio con diferentes situaciones para ganar confianza y habilidad en manejar conversaciones difíciles.

Beneficio: Este ejercicio te permite experimentar y refinar tus habilidades de comunicación en un entorno controlado, lo que te prepara mejor para manejar situaciones similares en la vida real.

Ejercicio 5. Practica la Empatía Comunicativa

Objetivo: Fortalecer la empatía en tus interacciones comunicativas para mejorar la conexión y la comprensión mutua.

Ejercicio:

- Paso 1: Antes de una reunión o conversación importante, ponte en el lugar de la otra persona. Pregúntate: *¿Qué preocupaciones, deseos o necesidades podría tener? ¿Cómo puedo abordar estos puntos desde su perspectiva?*

- Paso 2: Durante la conversación, haz preguntas abiertas que permitan a la otra persona expresar sus pensamientos y sentimientos. Escucha con atención y sin juzgar.

- Paso 3: Responde mostrando comprensión: *"Puedo ver por qué esto es importante para ti..."* o *"Entiendo que estás preocupado por..."*. Luego, ofrece una solución o propuesta que tome en cuenta sus perspectivas.

- Paso 4: Evalúa cómo la conversación fue diferente de otras donde no aplicaste este enfoque empático. ¿Mejoró la comunicación? ¿Se fortaleció la relación?

Beneficio: Este ejercicio no solo mejora la calidad de tus interacciones, sino que también te ayuda a construir relaciones más fuertes y duraderas, basadas en la comprensión y el respeto mutuo.

Mejorar la comunicación en los negocios no es un objetivo a corto plazo, sino un proceso continuo de aprendizaje y perfeccionamiento. Al incorporar estos ejercicios en tu rutina diaria, comenzarás a notar una mejora significativa en cómo te comunicas, cómo te perciben los demás y, en última instancia, en el éxito de tus iniciativas empresariales. La comunicación efectiva es un arte y una ciencia que, cuando se domina, se convierte en una de las herramientas más poderosas en el arsenal de cualquier emprendedor.

"La comunicación efectiva es el puente entre tu visión y los resultados; cuanto más claro expreses tus ideas, más cerca estarás de desbloquear tu máximo potencial emprendedor y alcanzar la abundancia."

CAPÍTULO 10. ABUNDANCIA Y ESPIRITUALIDAD

CAMINO A LA ABUNDANCIA

En el camino hacia el éxito, muchos emprendedores se concentran en los aspectos tangibles del negocio: estrategias, finanzas y operaciones. Sin embargo, hay un elemento crucial que a menudo se pasa por alto y que puede ser el verdadero catalizador de la abundancia: la espiritualidad.

La espiritualidad no se trata solo de prácticas religiosas o rituales. Es una conexión profunda con algo más grande que nosotros mismos, una fuerza interior que nos guía, inspira y da sentido a nuestras acciones. En este capítulo, exploraremos cómo la espiritualidad puede convertirse en una poderosa aliada en tu camino hacia la abundancia, ayudándote a encontrar propósito, claridad y resiliencia en cada paso de tu viaje emprendedor.

La verdadera abundancia no se limita a los logros materiales; es un estado de plenitud que abarca todos los aspectos de la vida, incluyendo el bienestar emocional, la paz interior y la satisfacción personal. A través de la espiritualidad, puedes cultivar una mentalidad que no solo atraiga el éxito, sino que también te permita disfrutarlo plenamente y compartirlo con otros.

Este capítulo te guiará a través de las formas en que la espiritualidad puede influir positivamente en tu vida y tu negocio, proporcionándote las herramientas necesarias para alinear tus metas empresariales con tus valores más profundos. Descubrirás cómo prácticas como la meditación, la gratitud y la conexión con tu propósito pueden abrirte a nuevas oportunidades y fortalecer tu camino hacia una abundancia auténtica y duradera.

ESPIRITUALIDAD: CONECTAR CON ALGO MÁS GRANDE QUE UNO MISMO

En el camino del emprendimiento, es fácil quedar atrapado en la rutina diaria, enfocándose en las métricas de éxito: ingresos, crecimiento, expansión. Sin embargo, hay una dimensión más profunda y esencial que muchas veces se pasa por alto: la espiritualidad. Esta no se refiere necesariamente a una práctica religiosa específica, sino a la necesidad de conectarse con algo más grande que uno mismo, una fuerza o propósito superior que da sentido y dirección a todo lo que hacemos.

La espiritualidad en el contexto del emprendimiento es el reconocimiento de que nuestra existencia y nuestras acciones forman parte de un todo más amplio. Es la comprensión de que hay un propósito mayor detrás de nuestros esfuerzos, y que el verdadero éxito no se mide solo en términos de logros materiales, sino en cómo nuestras acciones contribuyen al bienestar de los demás y al equilibrio del universo.

Por Qué la Espiritualidad Es Esencial Para los Emprendedores

- Propósito y Significado. La espiritualidad proporciona un sentido de propósito que va más allá de las metas a corto plazo o los resultados financieros. Conectar con algo más grande te ayuda a mantenerte enfocado en lo que realmente importa, dándote una motivación más profunda para superar los desafíos y perseverar en tu camino. Cuando tienes claro que tu trabajo está alineado con un propósito mayor, cada tarea diaria, por pequeña que sea, adquiere un significado más profundo.

- Equilibrio y Bienestar. El camino del emprendedor está lleno de altibajos, y es fácil perderse en la búsqueda incesante de resultados. La espiritualidad actúa como un ancla, ayudándote a encontrar paz y equilibrio incluso en los momentos más difíciles. Al conectarte con algo más grande que tú mismo, ya sea a través de la meditación, la naturaleza, la oración o cualquier otra práctica, puedes encontrar un espacio de calma que te permite tomar decisiones más sabias y mantener tu bienestar emocional y mental.

- Confianza y Fe. El proceso de emprender es, en muchos aspectos, un acto de fe. Fe en tus ideas, en tu capacidad para ejecutar y en que el universo te apoyará en tu camino. La espiritualidad fortalece esta confianza, recordándote que no estás solo en tu viaje. Al creer en algo más grande que tú, desarrollas la capacidad de confiar en el proceso, incluso cuando las cosas no salen como esperabas. Esta fe te permite soltar el control excesivo, aceptar la incertidumbre y seguir adelante con una actitud positiva.

- Contribución y Servicio. La espiritualidad también te invita a considerar cómo tus acciones impactan a los demás. Un emprendedor espiritualmente conectado no solo busca su propio éxito, sino que también se preocupa por cómo su trabajo puede mejorar la vida de otros. Al adoptar una mentalidad de servicio, no solo enriqueces a quienes te rodean, sino que también creas un legado que va más allá de lo material.

Prácticas Espirituales Para Emprendedores

Incorporar la espiritualidad en tu vida como emprendedor no requiere cambios drásticos, sino la integración de prácticas sencillas que te ayuden a mantener esa conexión con algo más grande.

- <u>Meditación Diaria:</u> Dedicar unos minutos cada día a la meditación puede ayudarte a calmar la mente, reducir el estrés y conectar con tu ser interior.
- <u>Gratitud:</u> Practicar la gratitud te ayuda a apreciar lo que ya tienes y a atraer más cosas positivas a tu vida. Haz una lista diaria de cosas por las que estás agradecido.
- <u>Reflexión:</u> Tomarte un tiempo para reflexionar sobre el propósito de tus acciones y cómo contribuyen al bienestar general puede darte una mayor claridad y dirección.
- <u>Conexión con la Naturaleza:</u> Pasar tiempo en la naturaleza puede ser una poderosa forma de reconectar con el mundo natural y encontrar inspiración y paz.
- <u>Actos de Servicio:</u> Busca formas de devolver a tu comunidad o ayudar a otros. Estos actos de servicio pueden dar un sentido más profundo a tu trabajo y fortalecer tu conexión con algo más grande.

La espiritualidad no es un lujo ni una distracción para el emprendedor; es una necesidad. Es la fuente de energía y propósito que te permitirá no solo alcanzar tus metas, sino hacerlo de una manera que sea significativa y sostenible. Al conectar con algo más grande que tú mismo, podrás navegar los desafíos del emprendimiento con más confianza, equilibrio y satisfacción. En última instancia, la verdadera abundancia no solo se mide en términos de éxito financiero, sino en cómo tu vida y tu trabajo resuenan con el propósito más elevado del universo.

CÓMO LA ESPIRITUALIDAD PUEDE GUIARTE HACIA LA

ABUNDANCIA

En el mundo del emprendimiento, donde los números, las estrategias y los resultados tangibles a menudo dominan la conversación, la espiritualidad puede parecer un concepto abstracto o incluso ajeno. Sin embargo, para muchos emprendedores exitosos, la espiritualidad no solo es relevante, sino que es fundamental en su camino hacia la abundancia. Lejos de ser un conjunto de creencias religiosas o dogmas, la espiritualidad en el contexto del emprendimiento se refiere a la conexión profunda con uno mismo, con los demás y con un propósito mayor. Es una brújula interna que guía cada decisión, infunde significado en cada acción y proporciona un sentido de paz y dirección en medio de la incertidumbre.

Conexión con el Propósito

En el núcleo de la espiritualidad está la búsqueda de un propósito superior, algo que va más allá del beneficio económico o el reconocimiento externo. Para un emprendedor, esta conexión con el propósito es esencial porque proporciona un sentido de dirección claro y duradero. Cuando tu trabajo está alineado con un propósito más grande, cada desafío se convierte en una oportunidad de crecimiento y cada éxito, en una forma de contribuir al bienestar de los demás. Este sentido de propósito te impulsa a perseverar, incluso cuando las circunstancias son difíciles, y te permite ver tu emprendimiento no solo como un medio para ganar dinero, sino como una plataforma para crear un impacto positivo en el mundo.

La Intuición Como Herramienta de Decisión

La espiritualidad también abre la puerta a una poderosa herramienta que a menudo se subestima en los negocios: la intuición. La intuición es esa voz interna que te guía, esa sensación profunda de saber qué es lo correcto, incluso cuando los datos y la lógica no lo confirman de inmediato. Los emprendedores que están en sintonía con su espiritualidad confían en su intuición para tomar decisiones que no solo son inteligentes, sino también alineadas con sus valores y su propósito. Esta capacidad de escuchar y actuar desde la intuición puede marcar la diferencia entre seguir un camino convencional y encontrar nuevas y creativas soluciones que conduzcan a la verdadera abundancia.

Paz Mental en Medio de la Incertidumbre

El camino del emprendedor está lleno de incertidumbres, riesgos y momentos de estrés. La espiritualidad ofrece un ancla en estos tiempos de turbulencia. Practicar la espiritualidad—ya sea a través de la meditación, la oración, la reflexión o el simple acto de estar presente—te ayuda a cultivar una paz interior que no depende de las circunstancias externas. Esta paz mental te permite enfrentar los desafíos con claridad, tomar decisiones desde un lugar de calma y mantener la perspectiva incluso cuando las cosas no salen como esperabas. Además, te ayuda a recordar que, independientemente de los altibajos, estás en un viaje más grande, y cada experiencia es parte de tu crecimiento.

Abundancia a Través de la Generosidad y la Gratitud

La espiritualidad enseña que la verdadera abundancia no se trata solo de lo que acumulas, sino de lo que compartes. Los emprendedores que integran la espiritualidad en sus vidas entienden que al dar—ya sea tiempo, recursos, conocimientos o apoyo—se crea un flujo de energía positiva que, inevitablemente, regresa multiplicado. Esta generosidad no solo construye un entorno empresarial más próspero y colaborativo, sino que también alimenta una cultura de gratitud. Practicar la gratitud te ayuda a reconocer y valorar lo que ya tienes, lo cual, paradójicamente, atrae aún más abundancia a tu vida.

Una Visión Integral del Éxito

Finalmente, la espiritualidad redefine lo que significa tener éxito. En lugar de medir el éxito solo en términos financieros o de logros externos, la espiritualidad te invita a considerar el éxito desde una perspectiva más integral. *¿Estás viviendo de acuerdo con tus valores? ¿Estás haciendo un impacto positivo en la vida de los demás? ¿Te sientes en paz y realizado en tu día a día?* Estas preguntas son tan importantes como los números en tu cuenta bancaria o los títulos en tu tarjeta de presentación. Un emprendedor espiritual comprende que el verdadero éxito es un equilibrio entre el crecimiento personal, el bienestar emocional, y la prosperidad material.

En definitiva, la espiritualidad, cuando se integra en el viaje emprendedor, se convierte en una guía poderosa hacia la abundancia. Proporciona un sentido profundo de propósito, afina tu intuición, te ofrece paz en medio del caos, fomenta la generosidad y la gratitud, y redefine el éxito en términos más significativos y sostenibles.

PRÁCTICAS ESPIRITUALES QUE FOMENTAN LA ABUNDANCIA Y EL ÉXITO

En el camino del emprendimiento, es fácil caer en la trampa de creer que el éxito se mide únicamente por el dinero en el banco, las metas alcanzadas o los números en el balance. Sin embargo, el verdadero éxito, el que trasciende las cifras y te llena de propósito y satisfacción, se nutre de algo mucho más profundo: la conexión con tu espiritualidad. Las prácticas espirituales no solo son una fuente de paz y equilibrio, sino que también son poderosas herramientas para atraer la abundancia y el éxito en todos los aspectos de tu vida.

La Meditación: Cultivando la Claridad y el Enfoque

La meditación es una de las prácticas espirituales más efectivas para los emprendedores. Al dedicar tiempo diario a la meditación, entrenas tu mente para estar presente, lo que te permite ver las oportunidades con mayor claridad y tomar decisiones desde un lugar de calma y sabiduría. La meditación te ayuda a despejar el ruido mental, conectarte con tu intuición y mantener un enfoque firme en tus objetivos.

- <u>Cómo Practicarla</u>: Comienza con solo 5 a 10 minutos al día, sentándote en un lugar tranquilo, cerrando los ojos y enfocándote en tu respiración. A medida que te sientas más cómodo, puedes extender el tiempo de meditación y experimentar con diferentes técnicas, como la meditación guiada o la visualización.

La Gratitud: Abriendo las Puertas de la Abundancia

La gratitud es una práctica espiritual que tiene el poder de transformar tu perspectiva y atraer más abundancia a tu vida. Al enfocarte en lo que ya tienes y agradecerlo profundamente, cambias tu vibración interna, lo que te permite atraer más cosas buenas a tu vida. Para los emprendedores, esto significa reconocer cada pequeño logro, cada conexión valiosa y cada lección aprendida como un paso hacia el éxito.

- Cómo Practicarla: Lleva un diario de gratitud donde, cada día, anotes al menos tres cosas por las que estés agradecido. Estos pueden ser logros grandes o pequeños, o simplemente momentos de alegría o aprendizaje. Con el tiempo, notarás cómo este simple acto te ayuda a cultivar una mentalidad de abundancia.

La Visualización: Creando tu Realidad

La visualización es una técnica espiritual que implica imaginar tus metas y deseos como si ya se hubieran manifestado. Al visualizar tus objetivos con detalle y emoción, estás programando tu mente para reconocer y aprovechar las oportunidades que te acercarán a ellos. Este proceso no solo te motiva, sino que también activa la ley de la atracción, alineando las circunstancias y personas necesarias para que tu visión se convierta en realidad.

- Cómo Practicarla: Dedica unos minutos cada día para cerrar los ojos y visualizar tus metas más importantes. Imagina con claridad cómo se ve, se siente y se experimenta haber alcanzado esos objetivos. Cuanto más vívida sea tu visualización, más poderosa será su influencia en tu realidad.

La Conexión con el Propósito: Encuentra tu "por Qué"

Tener un propósito claro es fundamental para mantenerte enfocado y motivado, especialmente en momentos de desafío. La conexión con tu propósito es una práctica espiritual que te permite alinearte con algo más grande que tú mismo, dándole a tu trabajo un significado profundo. Cuando operas desde tu propósito, el éxito no solo se mide por los logros externos, sino por la satisfacción interna de saber que estás haciendo lo que realmente viniste a hacer.

- Cómo Practicarla: Reflexiona sobre lo que te apasiona y sobre cómo tu trabajo puede contribuir al bienestar de los demás. Pregúntate: *¿Qué es lo que realmente me motiva? ¿Cómo puedo usar mis talentos para hacer una diferencia?* A medida que te conectas con estas respuestas, guíate por ellas en cada decisión que tomes en tu negocio.

La Generosidad: el Flujo de Dar y Recibir

La generosidad es una práctica espiritual que fomenta el flujo de la abundancia. Cuando das de manera genuina, ya sea tiempo, conocimiento, recursos o apoyo, estás enviando un mensaje poderoso al universo: hay más que suficiente para todos. Este acto de dar no solo beneficia a los demás, sino que también te coloca en una vibración de abundancia, lo que a menudo resulta en recibir más de lo que diste.

- Cómo Practicarla: Busca maneras de ser generoso en tu vida diaria, ya sea ayudando a un colega, compartiendo tu conocimiento, o invirtiendo en causas que te importan. La clave está en dar sin esperar nada a cambio, confiando en que el universo te lo devolverá de alguna forma.

Incorporar estas prácticas espirituales en tu vida empresarial no solo te ayudará a atraer abundancia y éxito, sino que también te permitirá disfrutar del proceso con mayor paz, claridad y propósito. Como emprendedor, equilibrar el aspecto espiritual con el mundo material es esencial para alcanzar un éxito integral y duradero. Estas prácticas son el puente que conecta tus metas externas con tu bienestar interno, creando una vida rica en significado, satisfacción y abundancia.

"La verdadera abundancia no solo se mide por lo que logramos en el mundo exterior, sino por la conexión profunda con nuestro ser interior. Cuando alineamos espíritu y propósito, el éxito fluye de manera natural y sin límites."

CAPÍTULO 11. MEDITACIÓN Y ABUNDANCIA

CAMINO A LA ABUNDANCIA

En el ajetreo diario del emprendimiento, donde las decisiones rápidas y la acción constante son la norma, a menudo se pasa por alto una herramienta poderosa que puede transformar profundamente tu vida y tu negocio: la meditación. Este capítulo está dedicado a explorar cómo la práctica de la meditación puede convertirse en un catalizador esencial para atraer y sostener la abundancia en todas sus formas.

La meditación no es simplemente una técnica de relajación, sino un medio para conectar con tu ser interior y acceder a un estado de claridad y enfoque que es fundamental para el éxito. Al calmar la mente y enfocar tus pensamientos, la meditación te permite liberarte de las distracciones, superar el estrés y abrirte a una conciencia más profunda de tus verdaderos deseos y objetivos.

En este capítulo, descubrirás cómo la meditación puede ayudarte a cultivar una mentalidad de abundancia, desbloquear tu creatividad, y tomar decisiones más alineadas con tus metas a largo plazo. Exploraremos diversas técnicas de meditación diseñadas para emprendedores, que no solo mejorarán tu bienestar mental y emocional, sino que también te permitirán manifestar tus objetivos con mayor precisión y confianza.

Prepárate para aprender cómo integrar la meditación en tu rutina diaria, para que no solo encuentres paz y equilibrio en medio del caos, sino que también utilices esta práctica como una herramienta estratégica para atraer la abundancia que mereces. Este es el paso que te llevará de simplemente sobrevivir en el mundo del emprendimiento, a florecer y prosperar en él.

CÓMO LA MEDITACIÓN PUEDE AYUDAR A ALCANZAR TUS METAS

En el frenético mundo del emprendimiento, es fácil perderse en la vorágine de tareas, plazos y metas. Sin embargo, entre la confusión y el caos, existe una herramienta poderosa que puede ayudarte a centrarte, aclarar tus objetivos y manifestar la abundancia en tu vida: la meditación. Este sencillo pero profundo acto de introspección tiene el potencial de transformar tu enfoque, optimizar tu rendimiento y desbloquear una fuente interna de riqueza que va más allá de los bienes materiales.

Claridad Mental Para Definir tus Metas

La meditación es mucho más que una práctica de relajación; es un camino hacia la claridad mental. Al dedicar tiempo a meditar, entrenas tu mente para calmarse, eliminar el ruido innecesario y enfocarse en lo esencial. Este estado de serenidad mental te permite definir tus metas con mayor precisión. La claridad que obtienes durante la meditación puede ayudarte a identificar tus verdaderas aspiraciones, a establecer objetivos alineados con tu propósito y a trazar un plan de acción más efectivo.

Reducción del Estrés y Mejora del Rendimiento

El estrés crónico es uno de los mayores enemigos de la productividad y la creatividad. La meditación actúa como un contrapeso, reduciendo los niveles de estrés y promoviendo un estado de calma que mejora tu capacidad para enfrentar desafíos. Al reducir la ansiedad, tu mente se vuelve más aguda y receptiva, lo que te permite tomar decisiones más sabias y actuar con mayor eficacia en tus esfuerzos por alcanzar tus metas.

Conexión con tu Propósito y Motivación Interna

La meditación te brinda una oportunidad para conectarte con tu ser interior y descubrir tu verdadero propósito. Este autoconocimiento es crucial para mantener una motivación auténtica. Cuando estás alineado con tus valores y propósito, tu motivación para alcanzar tus metas se vuelve más fuerte y duradera. La meditación te ayuda a cultivar una comprensión profunda de lo que realmente te impulsa, permitiéndote mantenerte enfocado y comprometido en tu camino hacia el éxito.

Visualización y Manifestación de Abundancia

Uno de los aspectos más poderosos de la meditación es su capacidad para facilitar la visualización. Durante tus sesiones de meditación, puedes visualizar tus metas y sueños con una claridad vívida. Este ejercicio de visualización no solo refuerza tu enfoque y determinación, sino que también actúa como un imán para atraer las circunstancias y oportunidades que necesitas para lograr esas metas. La práctica regular de la meditación y la visualización te ayuda a manifestar la abundancia al alinear tus pensamientos y acciones con tus deseos más profundos.

Creación de Espacio Para la Creatividad y la Innovación

La meditación fomenta un estado mental abierto y receptivo que es fundamental para la creatividad. Al liberar tu mente de pensamientos y preocupaciones constantes, creas un espacio donde pueden surgir nuevas ideas y soluciones innovadoras. Este flujo de creatividad te permite abordar los desafíos con una perspectiva fresca y encontrar enfoques únicos para alcanzar tus metas. La meditación puede ser el catalizador para desbloquear tu potencial creativo y generar estrategias innovadoras que te diferencien en el mundo empresarial.

Cultivo de la Resiliencia y la Paciencia

El camino hacia el éxito no siempre es lineal. La meditación te enseña a cultivar la resiliencia y la paciencia, dos cualidades esenciales para los emprendedores. Al aprender a mantener la calma en medio de las dificultades, desarrollas una fortaleza interna que te ayuda a superar obstáculos y mantener una actitud positiva. La resiliencia que construyes a través de la meditación te permite seguir adelante, incluso cuando las cosas no salen según lo planeado, y a persistir hasta alcanzar tus objetivos.

La meditación no es solo una práctica espiritual; es una herramienta práctica y poderosa para los emprendedores que buscan alcanzar el éxito y la abundancia. Al integrar la meditación en tu rutina diaria, puedes mejorar tu claridad mental, reducir el estrés, conectar con tu propósito, manifestar tus metas, fomentar la creatividad y fortalecer tu resiliencia. Al hacerlo, no solo te preparas para alcanzar tus objetivos, sino que también creas una base sólida para una vida y un negocio plenos y abundantes. Así que, da el primer paso hacia esta práctica transformadora y descubre cómo puede revolucionar tu camino hacia el éxito.

TÉCNICAS DE MEDITACIÓN PARA EMPRENDEDORES

En el mundo acelerado y a menudo abrumador del emprendimiento, encontrar momentos de calma y claridad puede parecer un lujo inalcanzable. Sin embargo, la meditación es una herramienta poderosa que puede ofrecerte precisamente eso: un oasis de tranquilidad en medio del caos. Incorporar técnicas de meditación en tu rutina diaria no solo te ayudará a reducir el estrés, sino que también potenciará tu creatividad, enfoque y capacidad para tomar decisiones efectivas.

Aquí te presentamos algunas técnicas clave que te permitirán integrar la meditación en tu vida diaria y aprovechar sus beneficios para alcanzar tus metas más ambiciosas.

Meditación de Atención Plena (Mindfulness)

La meditación de atención plena, o mindfulness, se centra en estar presente en el momento actual sin juicio. Esta técnica es especialmente útil para emprendedores que enfrentan múltiples tareas y responsabilidades, ya que te ayuda a mejorar tu concentración y a gestionar mejor el estrés.

Cómo Practicarla:

- Encuentra un Lugar Tranquilo: Siéntate en una posición cómoda, cierra los ojos y respira profundamente.

- Enfoca tu Atención en la Respiración: Presta atención a cómo el aire entra y sale de tus pulmones. Si tu mente comienza a divagar, suavemente redirige tu atención de nuevo a tu respiración.

- Observa los Pensamientos: Permite que los pensamientos fluyan sin involucrarte en ellos. Simplemente obsérvalos y déjalos pasar.

Beneficios para el Emprendedor:

- Mejora la claridad mental y la toma de decisiones.

- Aumenta la capacidad para gestionar el estrés y mantener la calma bajo presión.

- Potencia la capacidad de concentrarse en tareas importantes y evitar distracciones.

Meditación de Visualización

La meditación de visualización implica imaginar con detalle los objetivos y el éxito que deseas alcanzar. Esta técnica es poderosa para manifestar tus metas y mantenerte motivado, ya que crea una imagen clara de lo que quieres lograr.

Cómo Practicarla:

- Encuentra un Espacio Silencioso: Siéntate o acuéstate en una posición cómoda.

- Cierra los Ojos y Respira Profundamente: Relájate y lleva tu atención a tu respiración.

- Visualiza tu Éxito: Imagina con detalle cómo será alcanzar tu objetivo. Visualiza el proceso, el ambiente y los sentimientos asociados con el éxito.

- Siente las Emociones: Permítete experimentar las emociones que sentirías al alcanzar tus metas. Este paso es crucial para hacer que la visualización sea efectiva.

Beneficios para el Emprendedor:

- Aumenta la motivación al conectar emocionalmente con tus metas.

- Clarifica el camino a seguir y las acciones necesarias para alcanzar tus objetivos.

- Refuerza la creencia en tu capacidad para lograr el éxito.

Meditación de Gratitud

La meditación de gratitud te ayuda a enfocarte en lo positivo y a apreciar lo que ya tienes. Esta práctica es esencial para cultivar una mentalidad de abundancia y para mantener una perspectiva positiva, incluso en momentos difíciles.

Cómo Practicarla:

- Encuentra un Lugar Tranquilo: Siéntate cómodamente y cierra los ojos.

- Piensa en lo que Agradeces: Reflexiona sobre las cosas, personas o experiencias por las que estás agradecido en tu vida y en tu negocio.

- Siente la Gratitud: Permítete experimentar un profundo sentimiento de agradecimiento. Permanece en esta sensación durante unos minutos.

Beneficios para el Emprendedor:

- Mejora el bienestar emocional y reduce el estrés.

- Fomenta una perspectiva positiva que puede influir en cómo manejas los desafíos.

- Refuerza las relaciones laborales y personales al centrarte en lo positivo.

Meditación de Atención a la Intuición

La meditación de atención a la intuición te ayuda a conectar con tu sabiduría interior y a tomar decisiones más alineadas con tu verdadero yo. Esta práctica es invaluable para emprendedores que buscan claridad y dirección en sus decisiones empresariales.

Cómo Practicarla:

- Encuentra un Espacio Tranquilo: Siéntate en una posición cómoda y cierra los ojos.

- Relájate y Respira: Respira profundamente y relaja tu cuerpo.

- Dirige tu Atención al Interior: Enfoca tu mente en el área del corazón o el centro de tu ser. Permite que las respuestas y percepciones emerjan sin forzarlas.

- Escucha tu Voz Interior: Presta atención a cualquier sensación, idea o intuición que surja. Tómate un momento para reflexionar sobre lo que experimentas.

Beneficios para el Emprendedor:

- Facilita la toma de decisiones al conectarte con tu intuición y sabiduría interior.
- Aumenta la confianza en tus decisiones y acciones.
- Promueve una mayor claridad sobre tus objetivos y dirección en los negocios.

Integrar técnicas de meditación en tu vida diaria puede transformar tu enfoque, aumentar tu resiliencia y potenciar tu éxito como emprendedor. Te invito a explorar estas prácticas y a hacerlas parte de tu rutina para que puedas enfrentar los desafíos con una mente clara, un corazón agradecido y una visión inspiradora. La meditación no solo es una herramienta para la calma, sino una clave para desbloquear el potencial ilimitado que reside en ti y en tu negocio. ¡Comienza hoy a meditar y observa cómo se abre el camino hacia el éxito y la abundancia que mereces!

EJERCICIOS PRÁCTICOS PARA INTEGRAR LA MEDITACIÓN EN TU VIDA DIARIA

La meditación es una herramienta poderosa que puede transformar tu vida y tu negocio al ayudar a cultivar una mentalidad de abundancia, reducir el estrés y aumentar tu enfoque y claridad. Integrar la meditación en tu rutina diaria no requiere horas de tu tiempo, sino que se trata de adoptar prácticas simples y efectivas que se adapten a tu estilo de vida. A continuación, te presento algunos ejercicios prácticos para incorporar la meditación en tu vida diaria y aprovechar al máximo sus beneficios.

Ejercicio 1. Meditación de Respiración Consciente (5 Minutos)

Objetivo: Mejorar tu enfoque y reducir el estrés.

Cómo hacerlo:

- Encuentra un lugar tranquilo donde puedas sentarte cómodamente.
- Cierra los ojos y lleva tu atención a tu respiración.
- Respira profundamente por la nariz, sintiendo cómo el aire llena tus pulmones.
- Exhala lentamente por la boca, liberando cualquier tensión.
- Concédele a cada respiración plena atención, observando el ritmo y la sensación del aire entrando y saliendo.
- Si tu mente se distrae, suavemente vuelve a centrarte en tu respiración.

Cuándo hacerlo: Al despertar por la mañana o antes de comenzar una tarea importante. Esta práctica te ayudará a empezar el día con calma y claridad.

Ejercicio 2. Meditación de Agradecimiento (5 Minutos)

Objetivo: Cultivar una mentalidad de abundancia y gratitud.

Cómo hacerlo:

- Siéntate en una posición cómoda y cierra los ojos.
- Reflexiona sobre tres cosas por las que estés agradecido en tu vida o en tu negocio.
- Siente una profunda apreciación por cada una de estas cosas, visualizándolas y enfocándote en las emociones positivas que te generan.
- Deja que el sentimiento de gratitud llene tu corazón y tu mente.

Cuándo hacerlo: Antes de las reuniones o al final del día. Esta práctica te ayudará a mantener una actitud positiva y enfocada en lo que ya tienes, en lugar de lo que te falta.

Ejercicio 3. Meditación de Visualización de Metas (10 Minutos)

<u>Objetivo:</u> Clarificar y manifestar tus objetivos empresariales y personales.

<u>Cómo hacerlo:</u>

- Encuentra un lugar tranquilo y siéntate con la espalda recta.
- Cierra los ojos y toma varias respiraciones profundas para relajarte.
- Imagina que ya has alcanzado tus objetivos más importantes. Visualiza en detalle cómo se ve tu éxito, cómo te sientes y qué cambios ha traído a tu vida.
- Siente la emoción y la gratitud por haber logrado tus metas.
- Mantén esta imagen clara en tu mente durante unos minutos, permitiendo que se fortalezca tu deseo y tu motivación.

<u>Cuándo hacerlo:</u> Al mediodía o antes de dormir. Esta práctica te ayudará a mantenerte motivado y enfocado en tus metas, mientras refuerzas tu creencia en la posibilidad de alcanzar el éxito.

Ejercicio 4. Meditación en Movimiento (5-10 Minutos)

<u>Objetivo:</u> Integrar la meditación en tu rutina diaria de forma dinámica.

<u>Cómo hacerlo:</u>

- Elige una actividad que realices con regularidad, como caminar, hacer ejercicio o incluso lavar los platos.
- Concentra tu atención en la actividad, observando cada movimiento y sensación.
- Mantén una actitud de mindfulness, es decir, de plena conciencia del momento presente.

- Si te das cuenta de que tu mente se distrae, vuelve a enfocarte en la sensación de tu cuerpo y el movimiento que estás realizando.

Cuándo hacerlo: Durante actividades cotidianas o mientras realizas tareas que no requieren una atención mental intensa. Esta práctica te ayudará a incorporar la meditación en momentos en los que no puedes sentarte en silencio.

Ejercicio 5. Meditación de Afirmaciones Positivas (5 Minutos)

Objetivo: Reforzar creencias positivas y metas personales.

Cómo hacerlo:

- Siéntate o acuéstate en una posición cómoda.
- Cierra los ojos y repite en silencio o en voz alta afirmaciones positivas relacionadas con tus metas y tu vida.
- Ejemplos de afirmaciones: *"Estoy en el camino correcto hacia el éxito", "Tengo la capacidad de superar cualquier desafío", "Estoy agradecido por todas las oportunidades que tengo".*
- Siente cada afirmación como si ya fuera una realidad, permitiendo que estas creencias se fortalezcan en tu mente.

Cuándo hacerlo: Por la mañana al despertar o antes de dormir. Esta práctica te ayudará a empezar y terminar el día con una mentalidad positiva y enfocada en el éxito.

Consejos Para Integrar la Meditación en tu Rutina Diaria

- Comienza Pequeño: Si eres nuevo en la meditación, empieza con sesiones cortas y aumenta gradualmente el tiempo a medida que te sientas más cómodo.
- Sé Consistente: La clave está en la regularidad. Intenta practicar la meditación a la misma hora todos los días para establecer un hábito.
- Encuentra tu Estilo: Existen muchas formas de meditación. Ex-

perimenta con diferentes técnicas para encontrar la que mejor se adapte a ti.

- **Sé Paciente Contigo Mismo:** La meditación es una práctica y puede tomar tiempo para notar sus beneficios. Mantén una actitud de apertura y paciencia.

Integrar la meditación en tu vida diaria no solo te ayudará a alcanzar una mayor claridad y equilibrio, sino que también potenciará tu capacidad para afrontar los desafíos y mantener una mentalidad de abundancia. Adopta estos ejercicios prácticos y empieza a experimentar los beneficios transformadores de la meditación en tu camino hacia el éxito.

"La meditación es la puerta hacia la abundancia interior; cuando aquietas tu mente y conectas con tu ser, descubres que el verdadero poder emprendedor nace desde la calma y la claridad."

CAPÍTULO 12. MANTENER LA ABUNDANCIA

CAMINO A LA ABUNDANCIA

En este capítulo, exploraremos las estrategias clave para asegurar que el éxito que has alcanzado no solo se mantenga, sino que también se expanda con el tiempo. El verdadero reto del emprendedor no es solo alcanzar el éxito, sino mantenerlo y continuar creciendo en un entorno empresarial dinámico y en constante cambio.

Primero, abordaremos el auto-sabotaje: ese desafío sutil pero poderoso que puede socavar incluso los logros más sólidos. Aprenderás a identificar los patrones de pensamiento y comportamiento que podrían estar saboteando tu éxito y cómo transformarlos en hábitos positivos que refuercen tu crecimiento.

A continuación, nos centraremos en la adaptabilidad y la innovación. En un mundo empresarial que evoluciona rápidamente, la capacidad de adaptarse a nuevas tendencias y tecnologías es esencial. Descubrirás cómo mantener una mentalidad abierta y receptiva a los cambios, y cómo implementar la innovación de manera que continúe impulsando tu negocio hacia adelante.

También abordaremos la importancia de revisar y ajustar tus metas. A medida que creces, tus objetivos y estrategias deben evolucionar. Este capítulo te proporcionará herramientas para evaluar regularmente tu progreso, ajustar tus metas según sea necesario y establecer nuevos desafíos que mantendrán tu motivación y dirección.

Por último, exploraremos cómo cultivar relaciones duraderas y de apoyo. Las conexiones con mentores, colegas y clientes son fundamentales para el éxito a largo plazo. Aprenderás a construir y mantener relaciones valiosas que te proporcionen apoyo, inspiración y oportunidades continuas.

Este capítulo es crucial para cualquier emprendedor que busque no solo alcanzar el éxito, sino también asegurar que este éxito sea duradero y en constante crecimiento. Con las estrategias y perspectivas correctas, estarás mejor preparado para enfrentar los desafíos futuros y seguir prosperando en el emocionante viaje del emprendimiento.

EVITANDO EL AUTOSABOTAJE DESPUÉS DEL ÉXITO: MANTENIENDO LA ABUNDANCIA

Alcanzar el éxito y la abundancia es un logro significativo, pero a menudo, el verdadero desafío comienza una vez que hemos alcanzado nuestras metas. Muchas personas, incluyendo a emprendedores, encuentran que, después de llegar a la cima, empiezan a experimentar un fenómeno insidioso conocido como *autosabotaje*. Este comportamiento puede manifestarse de diversas formas, desde la procrastinación hasta la autocrítica destructiva, y puede poner en riesgo todo lo que has construido con tanto esfuerzo. En este capítulo, exploraremos cómo identificar y evitar el autosabotaje para asegurar que tu éxito sea no solo alcanzado, sino también sostenido y ampliado.

Reconocer las Señales del Autosabotaje

El primer paso para evitar el autosabotaje es reconocer sus señales. Estos pueden incluir comportamientos como:

- Procrastinación Crónica: Postergar tareas importantes, incluso cuando sabes que son cruciales para tu éxito.

- Autocrítica Desmedida: Juzgarte severamente por errores menores o por no alcanzar estándares perfeccionistas.

- Tendencia a Evitar el Éxito: Sentir una incomodidad creciente o miedo a mantener el éxito, lo que lleva a comportamientos que podrían sabotearlo.

Comprender las Raíces del Autosabotaje

El autosabotaje suele tener raíces profundas en creencias limitantes y miedos internos. Estos pueden incluir:

- Miedo al Fracaso: La ansiedad de que el éxito no sea duradero puede hacer que te pongas en situaciones donde el fracaso sea más probable.

- Inseguridad y Dudas: Sentimientos de que no mereces el éxito o que no eres lo suficientemente bueno.

- Zona de Confort: Una vez alcanzado el éxito, el confort puede llevar a la complacencia y a evitar riesgos que podrían generar más crecimiento.

ESTRATEGIAS PARA SUPERAR EL AUTOSABOTAJE

Estrategia 1. Cultiva la Autoempatía y la Autocompasión

Una parte crucial para evitar el autosabotaje es tratarte a ti mismo con autoempatía y autocompasión. Reconoce que los errores y los contratiempos son parte del proceso de crecimiento. En lugar de castigarte, permítete aprender y crecer a partir de ellos. Esta actitud positiva y comprensiva te ayudará a mantenerte motivado y a evitar la autodestrucción.

Estrategia 2. Establece Metas Claras y Alcanzables

Las metas específicas y alcanzables pueden servir como una guía clara y una fuente de motivación. Desglosa tus objetivos en pasos más pequeños y manejables para evitar sentirte abrumado. Esto te ayudará a mantenerte enfocado y a reducir la tentación de procrastinar.

Estrategia 3. Mantén una Mentalidad de Crecimiento

Adoptar una mentalidad de crecimiento te permitirá ver cada desafío como una oportunidad de aprendizaje en lugar de una amenaza a tu éxito. Esta mentalidad te ayudará a enfrentar nuevos retos con confianza y a continuar avanzando a pesar de los obstáculos.

Estrategia 4. Rodéate de Apoyo Positivo

Tu red de apoyo puede desempeñar un papel crucial en la prevención del autosabotaje. Rodearte de personas que te inspiran, te alientan y te ofrecen retroalimentación constructiva puede ayudarte a mantenerte en el camino correcto. Busca mentores, colegas y amigos que te ayuden a mantener una perspectiva positiva y realista sobre tus logros y desafíos.

Estrategia 5. Práctica de la Reflexión y el Autoanálisis

Dedica tiempo regularmente a la reflexión y al autoanálisis. Pregúntate cómo estás manejando tu éxito y si hay áreas en las que podrías estar saboteándote inconscientemente. Mantén un diario de tus pensamientos y emociones para identificar patrones de autosabotaje y desarrollar estrategias para abordarlos.

Estrategia 6. Establece Rutinas Saludables

Las rutinas diarias pueden proporcionar una estructura que ayuda a prevenir comportamientos de autosabotaje. Incluye prácticas como el ejercicio regular, la meditación y el tiempo para el autocuidado en tu rutina para mantener un equilibrio saludable entre trabajo y vida personal. Esto te permitirá gestionar mejor el estrés y mantener una mentalidad positiva.

Estrategia 7. Celebrar los Logros y Mantenerse Humilde

Es vital celebrar tus logros de manera consciente y mantener una actitud de gratitud. Reconocer tus éxitos y darte crédito por ellos te ayuda a mantenerte enfocado y motivado. Sin embargo, es igualmente importante permanecer humilde y reconocer que el éxito es un viaje continuo, no un destino final.

Evitar el autosabotaje después de alcanzar el éxito no es solo una cuestión de eliminar comportamientos negativos, sino de construir una mentalidad y un entorno que fomenten el crecimiento continuo y la autoaceptación. Al implementar las estrategias descritas en este capítulo, podrás mantener y expandir tu éxito de manera sostenible, asegurando que tu abundancia no solo sea un logro pasajero, sino una constante en tu vida y carrera. La clave está en reconocer tus patrones de autosabotaje, abordarlos con estrategias efectivas y seguir avanzando con una mentalidad positiva y resiliente.

ESTRATEGIAS PARA MANTENER UNA MENTALIDAD DE ABUNDANCIA A LARGO PLAZO

En el mundo dinámico del emprendimiento, mantener una mentalidad de abundancia a largo plazo es fundamental para alcanzar y sostener el éxito. Aunque puede ser relativamente fácil adoptar una mentalidad positiva en momentos de inspiración o éxito, la verdadera prueba radica en mantener esa perspectiva en el tiempo, especialmente frente a desafíos y adversidades. A continuación, te comparto estrategias prácticas y efectivas para cultivar y mantener una mentalidad de abundancia de forma continua.

Estrategia 1. Practica la Gratitud Diaria

La gratitud es una poderosa herramienta para reforzar una mentalidad de abundancia. Empieza y termina tu día reflexionando sobre las cosas por las que estás agradecido. Esto puede incluir logros recientes, el apoyo de tus seres queridos, o incluso las lecciones aprendidas de los desafíos. Mantén un diario de gratitud en el que registres diariamente al menos tres cosas por las que te sientas agradecido. Esta práctica no solo te ayudará a enfocar tu mente en lo positivo, sino que también te recordará que siempre hay algo bueno en tu vida y en tu negocio.

Estrategia 2. Establece Metas Claras y Evolutivas

Las metas bien definidas y alineadas con tus valores y visión te mantienen enfocado y motivado. Desglosa tus metas en objetivos alcanzables y revisa tu progreso regularmente. Adapta y ajusta tus metas según sea necesario para reflejar nuevos aprendizajes y oportunidades. Una mentalidad de abundancia se nutre de la sensación de avance y éxito continuo. Asegúrate de celebrar tus logros, no importa cuán pequeños sean, ya que cada éxito contribuye a una mayor sensación de abundancia.

Estrategia 3. Rodéate de Influencias Positivas

Las personas con las que te relacionas influyen profundamente en tu mentalidad. Busca y cultiva relaciones con individuos que compartan una mentalidad de abundancia. Conéctate con mentores, colegas y amigos que te inspiren y te desafíen a crecer. Participa en comunidades o redes que promuevan una actitud positiva y colaborativa. El apoyo y la energía de quienes te rodean pueden reforzar tu propia mentalidad de abundancia y ayudarte a mantenerte enfocado en tus objetivos.

Estrategia 4. Cultiva la Resiliencia y el Aprendizaje Continuo

La resiliencia es esencial para mantener una mentalidad de abundancia cuando enfrentas desafíos. Adopta una mentalidad de aprendizaje continuo y trata cada obstáculo como una oportunidad para crecer y mejorar. Desarrolla habilidades para adaptarte a los cambios y para aprender de los fracasos. La capacidad de recuperarte y seguir adelante con una actitud positiva fortalecerá tu mentalidad de abundancia y te preparará para enfrentar futuras dificultades con confianza.

Estrategia 5. Visualiza el Éxito y la Abundancia

Como hemos visto en anteriores capítulos, la visualización es una técnica poderosa que te ayuda a mantener tu mente enfocada en tus metas y deseos. Dedica tiempo a visualizar tus objetivos alcanzados y la abundancia en tu vida. Imagina cómo se siente el éxito, cómo se manifiesta en tu vida diaria y cómo impacta a quienes te rodean. La visualización no solo te motiva, sino que también refuerza tu creencia en la posibilidad de lograr lo que te propones.

Estrategia 6. Implementa Ritos y Rituales de Abundancia

Crea ritos y rituales que te conecten con tu mentalidad de abundancia. Establece prácticas diarias o semanales que te recuerden tus valores y metas. Esto puede incluir meditaciones, afirmaciones positivas, o momentos de reflexión y planificación. Los rituales te ayudan a mantener el enfoque y a establecer una rutina que respalde tu mentalidad de abundancia de manera constante.

Estrategia 7. Desarrolla la Generosidad y el Compartir

La generosidad es un componente clave de la mentalidad de abundancia. Busca maneras de compartir tu conocimiento, recursos y tiempo con los demás. Ayudar a otros no solo beneficia a quienes reciben tu apoyo, sino que también refuerza tu propia mentalidad de abundancia. Al contribuir al éxito y bienestar de los demás, experimentas una sensación de plenitud y conexión que alimenta tu propia abundancia.

Estrategia 8. Cuida Tu Bienestar Físico y Emocional

Una mentalidad de abundancia se sostiene mejor cuando estás en equilibrio físico y emocional. Asegúrate de cuidar tu salud con una dieta equilibrada, ejercicio regular y suficiente descanso. Además, dedica tiempo para actividades que te relajen y te llenen de energía positiva. El bienestar integral te ayuda a mantener una actitud positiva y a enfrentar los desafíos con mayor fortaleza y claridad.

Mantener una mentalidad de abundancia a largo plazo es un proceso continuo que requiere compromiso y práctica. Al integrar estas estrategias en tu vida diaria, estarás mejor equipado para enfrentar los desafíos, celebrar los éxitos y seguir creciendo. Recuerda, una mentalidad de abundancia no solo te ayuda a alcanzar el éxito, sino que también transforma la forma en que experimentas y disfrutas el viaje empresarial. Camino a la Abundancia es, en última instancia, una invitación a vivir con propósito, gratitud y una visión expansiva que te llevará a nuevas alturas de realización y éxito.

EJERCICIOS PARA REFORZAR LOS HÁBITOS DE ÉXITO A LARGO PLAZO

Construir y mantener el éxito no es un destino, sino un viaje continuo. Los hábitos que adoptas diariamente son los cimientos sobre los cuales se edifica tu éxito. En esta parte del capítulo, exploraremos una serie de ejercicios diseñados para reforzar los hábitos de éxito y asegurar que tu camino hacia la abundancia sea sólido y sostenible a largo plazo. Estos ejercicios están orientados a fortalecer tu mentalidad, mantenerte enfocado en tus objetivos y garantizar que cada acción que tomes esté alineada con tu visión de éxito.

Ejercicio 1. Ejercicio de Reflexión Diaria

Objetivo: Mantenerte conectado con tus metas y evaluar tu progreso.

Cómo hacerlo:

- Dedica 10 minutos cada mañana a la reflexión. Encuentra un lugar tranquilo donde puedas concentrarte sin distracciones.
- Escribe en un diario tus metas a corto y largo plazo, así como los pasos que tomarás para alcanzarlas.
- Reflexiona sobre los logros del día anterior y escribe al menos una cosa que hayas aprendido o mejorado.
- Establece intenciones claras para el día: *¿Qué acciones específicas tomarás hoy para avanzar hacia tus objetivos?*

Beneficio: Este ejercicio te ayuda a empezar cada día con un propósito claro y a mantener un registro continuo de tu progreso, lo que refuerza tu compromiso con tus metas.

Ejercicio 2. Ejercicio de Gratitud y Celebración

Objetivo: Cultivar una mentalidad positiva y reconocer tus éxitos.

Cómo hacerlo:

- Escribe una lista de gratitud cada noche antes de acostarte. Incluye al menos tres cosas por las que estés agradecido, ya sean grandes o pequeñas.
- Celebra tus logros: al final de cada semana, reflexiona sobre tus éxitos, tanto los grandes como los pequeños, y encuentra una forma de celebrarlos, ya sea con un premio personal, una actividad especial con tu pareja o algún amigo, o compartiéndolos con tu equipo.

Beneficio: La práctica regular de la gratitud y la celebración de logros refuerzan una mentalidad positiva y te motivan a continuar trabajando hacia tus objetivos.

Ejercicio 3. Ejercicio de Visualización y Planificación Semanal

Objetivo: Mantener una visión clara y planificar tus actividades de manera efectiva.

Cómo hacerlo:

- Dedica 20 minutos cada domingo para visualizar tus objetivos y planificar la semana que viene.

- Cierra los ojos e imagina tu éxito en detalle. *¿Cómo se ve tu negocio? ¿Cómo te sientes al alcanzar tus metas?*

- Elabora un plan semanal basado en esta visualización. Divide tus objetivos en tareas diarias y asigna tiempos específicos para cada una.

Beneficio: La visualización te ayuda a mantener una visión clara de tus objetivos, mientras que la planificación semanal asegura que tomes acciones concretas hacia su consecución.

Ejercicio 4. Ejercicio de Evaluación de Hábitos

Objetivo: Identificar y fortalecer hábitos positivos, y eliminar los negativos.

Cómo hacerlo:

- Revisa tus hábitos actuales: Anota los hábitos que consideras que te ayudan a alcanzar tus metas y los que pueden estar impidiendo tu progreso.

- Crea un plan de acción para reforzar los hábitos positivos y reemplazar los negativos. Establece pequeñas metas y recompensas para cada mejora.

- Monitorea tu progreso cada mes, ajustando tu plan según sea necesario para seguir mejorando.

Beneficio: Evaluar y ajustar tus hábitos regularmente te permite mantener el enfoque en lo que realmente contribuye a tu éxito y hacer los cambios necesarios para seguir avanzando.

Ejercicio 5. Ejercicio de Desarrollo Personal

<u>Objetivo:</u> Continuar creciendo y aprendiendo para mantener una mentalidad de abundancia.

<u>Cómo hacerlo:</u>

- Dedica tiempo cada semana para el aprendizaje y el desarrollo personal. Lee libros, escucha podcasts, asiste a seminarios o toma cursos relacionados con tu campo.

- Aplicar lo aprendido: Implementa al menos una nueva idea o estrategia en tu negocio cada mes.

- Reflexiona sobre tu crecimiento: Anota cómo los nuevos conocimientos y habilidades han impactado tu éxito y ajusta tu aprendizaje en consecuencia.

<u>Beneficio:</u> El desarrollo personal continuo asegura que te mantengas actualizado y motivado, y te proporciona nuevas herramientas para enfrentar desafíos y aprovechar oportunidades.

Los hábitos de éxito son las acciones repetidas y los comportamientos consistentes que construyen una base sólida para tu prosperidad a largo plazo. Al integrar estos ejercicios en tu rutina diaria y semanal, fortalecerás tu mentalidad de abundancia y te asegurarás de que cada paso que tomes esté alineado con tus metas más ambiciosas. Recuerda que el éxito no es un destino final, sino un proceso continuo de crecimiento y mejora. Con determinación y práctica constante, estarás bien posicionado para lograr y mantener una vida y un negocio verdaderamente abundantes.

> "Mantener la abundancia a largo plazo no es cuestión de suerte, sino de hábitos consistentes, una mentalidad expansiva y la capacidad de reinventarte en cada etapa de tu camino emprendedor."

CAPÍTULO 13. LEGADO Y ABUNDANCIA

CAMINO A LA ABUNDANCIA

En el vertiginoso mundo del emprendimiento, donde las métricas de éxito suelen medirse en términos de ganancias y crecimiento, es fácil olvidar que el verdadero impacto de nuestro trabajo va más allá de los números. Este capítulo está dedicado a explorar una dimensión más profunda del éxito: *el legado que dejamos atrás y cómo nuestra abundancia personal puede influir en el mundo que nos rodea.*

Un legado no se construye simplemente a través de logros tangibles o riquezas materiales, sino a través del impacto duradero que tenemos en las vidas de las personas y en la comunidad en general. La verdadera abundancia radica en nuestra capacidad para inspirar, elevar y transformar a otros, creando un efecto dominó de positividad y éxito que trasciende el tiempo y el espacio.

En este capítulo, te invitaré a reflexionar sobre el tipo de legado que deseas dejar y cómo la abundancia que cultivas en tu vida puede ser una fuerza poderosa para el bien. Descubrirás cómo alinear tus valores personales con tus objetivos profesionales, cómo invertir en el desarrollo de otros y cómo construir una herencia que refleje no solo tus logros, sino también tus principios y tu visión para un mundo mejor.

Cuando hablamos de abundancia no solo se trata de alcanzar el éxito personal, sino de expandir ese éxito para beneficiar a las generaciones futuras. Al explorar el concepto de legado, aprenderás a integrar la abundancia en cada acción y decisión, asegurándote de que tu influencia y contribución perduren mucho tiempo después de que tú hayas dejado este mundo.

Prepárate para descubrir cómo tu visión de abundancia puede ser la clave para un legado significativo, uno que inspire a otros a seguir tus pasos y a crear un impacto duradero. En este capítulo, te ofreceré las herramientas y perspectivas necesarias para construir un legado que no solo refleje tu éxito, sino que también enriquezca el tejido de la comunidad y del mundo. Comenzamos.

DEJAR UN LEGADO DURADERO: LA CULMINACIÓN DEL ÉXITO VERDADERO

En el mundo del emprendimiento, donde el éxito y la innovación se celebran a menudo de manera efímera, existe un objetivo más profundo y significativo que trasciende los logros inmediatos: *dejar un legado duradero*. Dejar un legado no se trata solo de alcanzar metas personales o empresariales, sino de impactar el mundo de manera que tu influencia continúe mucho tiempo después de que tú hayas hecho tu última contribución. Es el reflejo de una vida vivida con propósito y de un negocio construido con principios sólidos.

Como te decía, dejar un legado va más allá de las ganancias financieras o el reconocimiento. Es sobre cómo has cambiado vidas, influido en tu comunidad y contribuido al bien mayor. Un legado duradero es un testimonio de tus valores, tu visión y tu impacto positivo en el mundo. Para los emprendedores, esto significa construir algo que no solo sea exitoso en términos de ingresos, sino que también inspire, eduque y eleve a otros.

COMPONENTES CLAVE PARA DEJAR UN LEGADO DURADERO

Visión Clara y Propósito

El primer paso para dejar un legado duradero es tener una visión clara y un propósito definido. Pregúntate a ti mismo: *¿Qué quiero que mi negocio represente? ¿Cómo quiero que mi impacto sea recordado?* Esta visión debe guiar cada decisión que tomes y cada acción que emprendas. Un propósito fuerte y bien definido se convierte en la brújula que dirige todos tus esfuerzos hacia un objetivo más grande que tú mismo.

Contribuir al Bien Mayor

Un legado duradero se construye a través de la contribución genuina al bien mayor. Considera cómo tu negocio puede resolver problemas, mejorar vidas y hacer del mundo un lugar mejor. Ya sea a través de prácticas empresariales sostenibles, iniciativas de responsabilidad social, o creando productos y servicios que marquen una diferencia positiva, tu enfoque debe estar en cómo puedes generar un impacto significativo en tu comunidad y más allá.

Desarrollar e Inspirar a Otros

Parte fundamental de dejar un legado es compartir tu conocimiento y experiencia con otros. Ser mentor de nuevas generaciones de emprendedores, capacitar a tu equipo y fomentar una cultura de crecimiento y aprendizaje no solo fortalece tu empresa, sino que también asegura que tu influencia y enseñanzas continúen multiplicándose. Invertir en el desarrollo de las personas a tu alrededor amplifica el impacto de tu legado.

Innovar y Adaptarse

La capacidad de innovar y adaptarse es esencial para construir un legado que resista la prueba del tiempo. Un legado duradero no se trata de adherirse a métodos anticuados, sino de estar dispuesto a evolucionar, adaptarse a los cambios y seguir liderando con creatividad y audacia. Mantén tu negocio relevante y en la vanguardia de tu industria para asegurar que tu impacto continúe creciendo y adaptándose a las necesidades futuras.

Documentar y Compartir tu Historia

Para que tu legado perdure, es crucial documentar y compartir tu historia. Escribe sobre tus experiencias, tus desafíos y tus triunfos. Comparte tus aprendizajes y tus valores con el mundo a través de libros, conferencias, redes sociales o cualquier otro medio que resuene con tu audiencia. Tu historia es una fuente de inspiración y un modelo a seguir para aquellos que vienen después de ti.

Construir una Cultura de Abundancia

Fomentar una cultura de abundancia dentro de tu organización y comunidad es clave para asegurar que tu legado perdure. Promueve valores de colaboración, generosidad y apoyo mutuo. Una cultura que valora el crecimiento colectivo y el éxito compartido se convierte en un testimonio tangible de tu impacto positivo y de tu compromiso con un futuro mejor.

Dejar un legado duradero es la culminación del verdadero éxito. Es el reflejo de una vida vivida con propósito, una carrera construida con integridad, y un impacto que trasciende el presente. Como emprendedor, tu éxito no se mide únicamente por tus logros personales o financieros, sino por la huella positiva que dejas en el mundo.

Al construir tu legado, no solo aseguras que tu influencia perdure, sino que también inspiras a otros a seguir tus pasos y a contribuir a un mundo más brillante y próspero. En última instancia, un legado duradero es el más grandioso de los triunfos, y es el que da significado a todo lo que haces. Al enfocarte en cómo puedes contribuir de manera significativa y positiva, estarás construyendo un legado que seguirá iluminando el camino para otros durante generaciones.

INSPIRAR A OTROS A TRAVÉS DE TU ÉXITO

El éxito, en su forma más auténtica, no es solo un logro personal, sino una oportunidad para influir y elevar a quienes te rodean. Tu éxito puede ser una fuente de inspiración y transformación para otros, y esta influencia positiva puede, a su vez, enriquecer tu propio camino hacia la abundancia.

El Poder de Ser un Modelo a Seguir

Cuando logras alcanzar tus metas y superar obstáculos, te conviertes en un modelo a seguir para aquellos que observan tu viaje. Tu éxito demuestra que es posible, que los sueños se pueden realizar y que las dificultades pueden ser superadas. La manera en que manejas tus triunfos y desafíos envía un mensaje poderoso a otros emprendedores, mostrando que con determinación, esfuerzo y una mentalidad positiva, ellos también pueden alcanzar sus propias metas.

Compartir tu Sabiduría y Experiencia

Una parte fundamental de inspirar a otros es compartir lo que has aprendido a lo largo de tu camino. No se trata solo de hablar sobre tus logros, sino de ofrecer insights y consejos prácticos basados en tus experiencias. Comparte las lecciones que has aprendido, las estrategias que te han funcionado y los errores que has cometido. Esta generosidad en compartir tu conocimiento puede ayudar a otros a evitar los mismos tropiezos y acelerar su propio viaje hacia el éxito.

Fomentar una Mentalidad de Crecimiento en tu Comunidad

Tu éxito tiene el potencial de crear un efecto dominó de inspiración. Al lograr tus objetivos y mantener una mentalidad de abundancia, puedes influir en tu comunidad para que adopte una visión similar. Promueve la idea de que el éxito de uno no excluye a los demás, sino que abre puertas para que todos puedan prosperar. Al hacerlo, contribuyes a crear un entorno en el que la colaboración y el apoyo mutuo se convierten en la norma, no en la excepción.

Utilizar tu Éxito Para Contribuir a Causas Mayores

Un éxito verdaderamente significativo también implica dar algo de vuelta. Usa tu posición y tus recursos para apoyar causas y proyectos que te apasionen. Ya sea a través de mentorías, donaciones, o participación en iniciativas comunitarias, tu éxito puede ser una fuerza para el bien. Esto no solo inspira a otros a seguir tus pasos, sino que también te brinda una mayor satisfacción y propósito en tu propio camino.

Crear un Legado Duradero

Finalmente, considera cómo deseas ser recordado. El verdadero impacto de tu éxito radica en el legado que dejas atrás. Piensa en cómo puedes contribuir al éxito de las generaciones futuras y en qué tipo de influencia deseas ejercer en el mundo. Construir un legado duradero no solo fortalece tu propio éxito, sino que también asegura que tu impacto continúe inspirando a otros mucho después de que hayas alcanzado tus metas.

En definitiva, tu éxito tiene el poder de ser mucho más que una serie de logros personales; *puede ser una fuente de inspiración y transformación para aquellos que te rodean.* Al compartir tus experiencias, fomentar una mentalidad de crecimiento, contribuir a causas mayores y construir un legado duradero, amplías el alcance de tu impacto y creas un ciclo positivo de influencia que beneficia a todos. Tu éxito puede convertirse en una chispa que enciende el potencial y la ambición en los demás, contribuyendo a un mundo empresarial más colaborativo, generoso y lleno de posibilidades.

EJEMPLOS DE EMPRENDEDORES QUE HAN DEJADO UN LEGADO EN EL MUNDO

En el mundo del emprendimiento, hay figuras cuyos nombres no solo son sinónimos de éxito, sino que también han dejado un legado duradero que sigue inspirando a generaciones. Estos emprendedores han demostrado que el éxito verdadero va más allá de la acumulación de riquezas; se trata de impactar positivamente en la vida de las personas y contribuir a un cambio significativo en el mundo. A continuación, exploraremos algunos ejemplos de emprendedores que han dejado una huella imborrable, ilustrando cómo una mentalidad de abundancia y una visión audaz pueden cambiar el curso de la historia.

Steve Jobs: Innovación y Diseño que Transformaron el Mundo

Steve Jobs, cofundador de Apple Inc., es un ejemplo icónico de cómo la visión y la innovación pueden transformar industrias enteras. Jobs no solo revolucionó la tecnología con productos como el iPhone, el iPad y el Mac, sino que también cambió la forma en que interactuamos con el mundo digital. Su enfoque en el diseño elegante y la experiencia del usuario elevó los estándares de la industria tecnológica.

Jobs entendió que el éxito no se trata solo de crear productos que sean funcionales, sino de crear experiencias que resuenen con las personas a nivel emocional. Su legado se manifiesta en una empresa que no solo lidera en tecnología, sino que también fomenta la creatividad y la innovación a nivel global. Jobs nos enseñó que el verdadero éxito radica en crear algo que no solo tenga un impacto en el presente, sino que también influencie y mejore la vida de las personas en el futuro.

Oprah Winfrey: Inspiración y Empoderamiento Personal

Oprah Winfrey es una figura emblemática que ha dejado una marca indeleble en el mundo a través de su trabajo en los medios de comunicación y sus esfuerzos filantrópicos. Desde sus inicios humildes hasta convertirse en una de las mujeres más influyentes del mundo, Oprah ha utilizado su plataforma para inspirar, educar y empoderar a personas de todas las edades y orígenes.

Su programa, *"The Oprah Winfrey Show"*, no solo ofrecía entretenimiento, sino también profundas lecciones sobre la vida, el crecimiento personal y el bienestar. Además, Oprah ha dedicado una parte significativa de su vida a la filantropía, apoyando iniciativas educativas, de salud y de justicia social. Su legado se basa en la creencia de que el éxito se mide no solo en términos de riqueza personal, sino en la capacidad de elevar a los demás y hacer del mundo un lugar mejor.

Elon Musk: Visionario y Pionero en Tecnología y Sostenibilidad

Elon Musk es un ejemplo contemporáneo de un emprendedor que está cambiando el mundo a través de su visión audaz y su compromiso con la sostenibilidad. Fundador y CEO de SpaceX y Tesla, Musk ha liderado el desarrollo de tecnologías que tienen el potencial de redefinir el futuro de la humanidad.

Desde la exploración espacial hasta la movilidad eléctrica, Musk ha demostrado que el pensamiento innovador y la perseverancia pueden enfrentar desafíos globales. Su trabajo con Tesla ha acelerado la transición hacia vehículos eléctricos, mientras que SpaceX está allanando el camino para la colonización de Marte. Musk nos enseña que el verdadero legado de un emprendedor se construye no solo resolviendo problemas actuales, sino también abriendo nuevas fronteras para las generaciones futuras.

Michael Saylor: Legado Educativo y Abundancia Global a Través de Bitcoin

Michael Saylor, multimillonario y CEO de MicroStrategy, busca dejar un legado duradero al promover el conocimiento sobre Bitcoin como una red monetaria revolucionaria. Más allá de sus inversiones en la criptomoneda, ha dedicado tiempo y recursos a educar al público sobre su importancia, a través de iniciativas como *Saylor Academy*. Saylor ve a Bitcoin como una solución a largo plazo contra la inflación y una forma de proteger el valor económico, consolidando su rol como pionero en la difusión del conocimiento sobre criptomonedas.

Saylor cree que Bitcoin ofrece una oportunidad única para generar riqueza sostenible y global. Al democratizar el acceso a un activo escaso y descentralizado, busca empoderar a individuos y empresas, promoviendo una distribución más equitativa de la riqueza. Su visión a largo plazo es que Bitcoin transformará el sistema financiero, creando prosperidad y estabilidad económica para todos aquellos que adopten la criptomoneda.

Muhammad Yunus: Economía Social y Financiación Para el Desarrollo

Muhammad Yunus, fundador del Grameen Bank, ha revolucionado el concepto de microfinanzas y ha tenido un impacto profundo en el desarrollo económico y social. Yunus creía que los emprendedores y las comunidades pobres podían tener acceso a recursos financieros para mejorar sus vidas, sin necesidad de garantías tradicionales.

El modelo de microcréditos que desarrolló ha permitido a millones de personas en países en desarrollo iniciar y expandir pequeños negocios, generando empleo y oportunidades económicas. Su trabajo no solo ha sido reconocido con el Premio Nobel de la Paz, sino que también ha demostrado que una mentalidad de abundancia y una visión inclusiva pueden transformar sociedades enteras. Yunus ha dejado un legado de empoderamiento económico que continúa cambiando vidas en todo el mundo.

Richard Branson: Emprendimiento y Diversificación con Impacto Social

Richard Branson, fundador del grupo Virgin, es conocido por su enfoque audaz y su disposición a diversificar en múltiples industrias, desde la música hasta la aviación y el turismo espacial. Sin embargo, lo que realmente destaca en el legado de Branson es su compromiso con la responsabilidad social y el impacto positivo.

Branson ha utilizado su influencia y recursos para abordar problemas globales como el cambio climático, la pobreza y la educación. Su trabajo con Virgin Unite, la organización benéfica del grupo Virgin, ha apoyado numerosas causas y proyectos sociales. Branson nos muestra que el éxito empresarial puede y debe ir acompañado de un fuerte sentido de responsabilidad social y un deseo de hacer el bien en el mundo.

Estos emprendedores no solo han logrado el éxito financiero, sino que también han dejado un legado que sigue inspirando y motivando a otros a seguir sus pasos. Cada uno de ellos ha demostrado que una mentalidad de abundancia, combinada con una visión audaz y un compromiso con el impacto positivo, puede transformar no solo sus propias vidas, sino también el mundo en general.

Me he basado en estos ejemplos para mostrarte cómo puedes aplicar los mismos principios y enfoques en tu propio viaje emprendedor. Al aprender de estos líderes, puedes inspirarte para crear un impacto duradero y significativo, no solo en tu negocio, sino en la vida de aquellos que te rodean.

"La verdadera abundancia no solo se mide por lo que logras en vida, sino por el legado que dejas en los corazones y mentes de quienes inspiras a seguir su propio camino hacia el éxito."

CAPÍTULO 14. EJERCICIOS ADICIONALES

CAMINO A LA ABUNDANCIA

En "Camino a la Abundancia", hemos explorado los principios fundamentales que subyacen a una vida y un negocio prósperos. Ahora, para llevar estos conceptos a la práctica y cimentar tu camino hacia el éxito, es crucial implementar ejercicios adicionales que te ayuden a integrar y aplicar estos principios de manera efectiva. A continuación, te presento una serie de ejercicios diseñados para profundizar tu comprensión y fortalecer tu mentalidad de abundancia, así como para mejorar tus estrategias empresariales y tu bienestar general.

Ejercicio 1. Gratitud Diaria

<u>Objetivo:</u> Cultivar una mentalidad positiva y apreciar los aspectos positivos de tu vida y negocio.

Instrucciones:

- Dedica 5-10 minutos cada mañana para escribir en un diario tres cosas por las que estás agradecido.
- Incluye tanto logros grandes como pequeños, así como aspectos de tu vida personal y profesional.
- Reflexiona sobre cómo estos aspectos de tu vida contribuyen a tu éxito y bienestar.

Beneficios: La práctica de la gratitud diaria ayuda a cambiar tu enfoque hacia lo positivo, aumentando tu resiliencia y satisfacción general. Esta mentalidad positiva puede abrir la puerta a más oportunidades y fomentar una mayor conexión con tus objetivos.

Ejercicio 2. Visualización de Objetivos

Objetivo: Clarificar y reforzar tu visión de éxito.

Instrucciones:

- En un lugar tranquilo, cierra los ojos y visualízate alcanzando tus metas más importantes. Imagina cada detalle: *cómo te sientes, qué ves, qué escuchas.*
- Crea una imagen mental vibrante y clara de tu éxito.
- Repite esta visualización diariamente, especialmente antes de comenzar tu jornada laboral.

Beneficios: La visualización efectiva no solo refuerza tu motivación, sino que también te ayuda a alinear tus acciones con tus metas, creando un mapa mental que facilita la manifestación de tus deseos.

Ejercicio 3. Mapa de Recursos y Oportunidades

Objetivo: Identificar y maximizar tus recursos y oportunidades actuales.

Instrucciones:

- En una hoja de papel o en una herramienta digital, crea un mapa que muestre todos los recursos y oportunidades disponibles para ti: *contactos, habilidades, conocimientos, financiamiento, etc.*

- Analiza cómo puedes utilizar estos recursos de manera más efectiva para alcanzar tus metas.

- Identifica áreas donde podrías ampliar o fortalecer tu red y tus recursos.

Beneficios: Este ejercicio te ayuda a reconocer y valorar lo que ya tienes, permitiéndote utilizar estos activos de manera más estratégica y aprovechar al máximo las oportunidades disponibles.

Ejercicio 4. Plan de Acción Semanal

Objetivo: Crear y mantener un enfoque constante hacia tus metas.

Instrucciones:

- Cada semana, elabora un plan detallado con tus objetivos a corto plazo, las tareas específicas que necesitas completar y los plazos para cada una.

- Incluye tanto tareas relacionadas con el negocio como actividades personales que contribuyan a tu bienestar general.

- Revisa y ajusta tu plan semanalmente para mantenerte en el camino correcto.

Beneficios: Un plan de acción semanal te ayuda a organizarte de manera efectiva, a mantener el enfoque y a asegurar que tus esfuerzos diarios estén alineados con tus objetivos de largo plazo.

Ejercicio 5. Sesiones de Reflexión y Autoevaluación

Objetivo: Evaluar y ajustar tu progreso hacia el éxito y la abundancia.

Instrucciones:

- Dedica tiempo cada mes para reflexionar sobre tus logros,

desafíos y aprendizajes.

- Responde a preguntas clave como: *¿Qué ha funcionado bien? ¿Qué desafíos he enfrentado? ¿Qué puedo mejorar?*

- Establece nuevas metas y ajusta tus estrategias según sea necesario.

Beneficios: Las sesiones de reflexión y autoevaluación te permiten aprender de tus experiencias, ajustar tus enfoques y celebrar tus logros, promoviendo un ciclo continuo de mejora y crecimiento.

Ejercicio 6. Práctica de la Generosidad

Objetivo: Fomentar una mentalidad de abundancia a través de la generosidad.

Instrucciones:

- Realiza una acción generosa cada semana. Puede ser algo tan simple como ofrecer ayuda a un colega, compartir conocimientos, o contribuir a una causa que te importe.

- Reflexiona sobre cómo te sientes al dar y cómo esto impacta tu visión de la abundancia.

Beneficios: La generosidad no solo fortalece tus relaciones y redes, sino que también refuerza la mentalidad de abundancia al demostrar que hay más que suficiente para compartir y que el éxito puede ser una experiencia colectiva.

Estos ejercicios están diseñados para ayudarte a aplicar y profundizar los principios de la abundancia en tu vida y negocio. Al incorporarlos en tu rutina estarás construyendo una base sólida para alcanzar tus metas y vivir una vida plena y exitosa. Recuerda, el camino hacia la abundancia no es solo una teoría, sino una práctica constante que transforma la forma en que piensas, actúas y te conectas con el mundo. ¡El éxito te está esperando y estos ejercicios te guiarán!

RECURSOS RECOMENDADOS
CAMINO A LA ABUNDANCIA

En el camino hacia la abundancia y el éxito, el aprendizaje continuo y la exploración de nuevos recursos son esenciales. A lo largo de "Camino a la Abundancia", hemos cubierto una variedad de conceptos y estrategias para ayudarte a desbloquear tu potencial.

En la creación de este libro, he recurrido a una rica variedad de fuentes que han contribuido a la formulación de los principios y estrategias compartidos en este libro. La bibliografía que te presento a continuación incluye libros fundamentales que me han inspirado y respaldado los conceptos de este texto, proporcionando una base sólida sobre la cual construir el entendimiento de la abundancia y el éxito empresarial.

Para profundizar aún más en estos temas y seguir desarrollando tus habilidades y mentalidad, te recomiendo explorar los siguientes libros:

- "Piense y Hágase Rico" de Napoleon Hill. Este clásico atemporal explora los principios del éxito y la riqueza a través de las experiencias y filosofías de personas que lograron grandes cosas. Hill presenta la idea de que el pensamiento positivo y las metas claras son fundamentales para alcanzar el éxito, conceptos que son centrales en la mentalidad de abundancia que promuevo en este libro.

- "Los 7 Hábitos de la Gente Altamente Efectiva" de Stephen R. Covey. Un enfoque integral sobre la gestión personal y profesional que te ayudará a desarrollar hábitos efectivos para alcanzar tus metas. Covey proporciona un marco práctico para el desarrollo personal y profesional basado en principios de integridad y eficacia. Sus enseñanzas sobre la proactividad, la visión y la gestión del tiempo son fundamentales para la implementación efectiva de una mentalidad de abundancia en el ámbito empresarial.

- "El Poder del Ahora" de Eckhart Tolle. Este libro profundiza en la importancia de vivir en el presente y cómo una mentalidad consciente puede transformar tu vida y tu negocio. Tolle ofrece una profunda exploración sobre cómo vivir en el presente y liberarse de las limitaciones mentales que nos impiden experimentar la abundancia. Su enfoque en la conciencia y la presencia resuena con la idea de cultivar una mentalidad expansiva y estar abierto a las oportunidades presentes en el aquí y el ahora.

- "Despierta tu Héroe Interior" por Victor Hugo Manzanilla. Manzanilla ofrece una guía inspiradora para descubrir y desarrollar el potencial personal. Su enfoque en la autorreflexión y el crecimiento personal apoya la creación de una mentalidad positiva y proactiva que es esencial para alcanzar el éxito.

- "La Magia del Orden" de Marie Kondo. Aunque se centra en el orden y la organización, este libro ofrece una perspectiva sobre cómo la claridad y el enfoque pueden mejorar tu productividad y bienestar. Aunque centrado en el orden y la organización del entorno físico, Kondo ofrece valiosas lecciones sobre la creación de un espacio de trabajo y una vida que refleje y apoye nuestros valores y objetivos. Su enfoque en la simplicidad y la claridad contribuye a una mentalidad de abundancia al reducir el estrés y fomentar un entorno propicio para el éxito.

- "El Secreto" por Rhonda Byrne. Este libro populariza el concepto de la ley de la atracción, que sostiene que nuestros pensamientos y creencias pueden influir en nuestra realidad. La idea de manifestar tus deseos a través del pensamiento positivo es un componente esencial en la creación de una vida abundante y exitosa.

- "La Fuerza del Éxito" por Tony Robbins. Robbins es conocido por su enfoque en el desarrollo personal y el empoderamiento. Su obra explora cómo las creencias, las emociones y las decisiones afectan nuestro éxito y cómo podemos utilizar estas herramientas para alcanzar nuestras metas. Sus estrategias motivacionales y prácticas están alineadas con la mentalidad de abundancia promovida en este libro.

- "Cómo Ganar Amigos e Influir sobre las Personas" por Dale Carnegie. Carnegie ofrece una guía esencial sobre las habilidades de comunicación y la construcción de relaciones efectivas. Su enfoque en la empatía y la comprensión ayuda a cultivar conexiones genuinas y colaborativas, un aspecto crucial para crear un entorno de abundancia en los negocios.

- "Los Secretos de la Mente Millonaria" por T. Harv Eker. Eker explora cómo las creencias y patrones mentales afectan nuestra capacidad para crear riqueza. Su análisis de los hábitos y mentalidades que conducen al éxito financiero es una parte integral de entender y aplicar la mentalidad de abundancia en el ámbito empresarial.

- "La Ciencia de Hacerse Rico" por Wallace D. Wattles. Este libro clásico sobre la creación de riqueza explora la conexión entre el pensamiento, la acción y el éxito. Wattles argumenta que la riqueza está disponible para todos aquellos que están dispuestos a pensar y actuar de manera adecuada, un principio que respalda la mentalidad de abundancia central en este libro.

- "El hombre más rico de Babilonia" por George S. Clason. Un clásico que enseña principios atemporales sobre la creación de riqueza y el éxito emprendedor a través de parábolas ambientadas en la antigua Babilonia. La historia de Arkad, un hombre que se convierte en el más rico de la ciudad, ofrece lecciones clave y una guía sólida para alcanzar la abundancia y desbloquear tu máximo potencial emprendedor.

Estos libros me han servido como fuentes de sabiduría y guía en la elaboración de "Camino a la Abundancia", proporcionando un fundamento sólido sobre el que construir las estrategias y principios expuestos en este libro. Agradezco a los autores y a sus contribuciones, que han influido profundamente en mi enfoque hacia la abundancia y el éxito emprendedor. Para aquellos que buscan profundizar aún más en estos temas, cada uno de estos textos ofrece una perspectiva valiosa y enriquecedora.

HISTORIAS INSPIRADORAS
CAMINO A LA ABUNDANCIA

En "Camino a la Abundancia", hemos explorado cómo aplicar los principios de la abundancia puede transformar vidas y negocios. Para ilustrar el poder de estos principios en acción, a continuación comparto historias inspiradoras de emprendedores que, al adoptar una mentalidad de abundancia, han logrado superar desafíos, crear impacto y alcanzar un éxito significativo.

El Viaje de Sara Blakely: de Vendedora a Fundadora de Spanx

Sara Blakely, la fundadora de Spanx, comenzó su carrera como vendedora de fax antes de lanzar su empresa de ropa moldeadora. Inicialmente, enfrentó numerosos rechazos y dudas, tanto de los inversores como de la industria de la moda. Sin embargo, Blakely nunca dejó que estos obstáculos la desalentaran. Su mentalidad de abundancia la llevó a ver cada desafío como una oportunidad para aprender y crecer.

Blakely utilizó su ingenio y perseverancia para crear un producto innovador con un presupuesto muy limitado. Su historia demuestra cómo una actitud positiva y la voluntad de persistir pueden convertir las adversidades en oportunidades. Hoy, Spanx es una marca globalmente reconocida, y Blakely es una de las mujeres más influyentes en los negocios.

El Impacto de Tony Robbins: Transformando la Vida de Millones

Tony Robbins, conocido por sus seminarios motivacionales y libros sobre desarrollo personal, también ha vivido una trayectoria marcada por la abundancia. A lo largo de su carrera, Robbins ha enfrentado desafíos personales y profesionales, pero su enfoque en la mentalidad de abundancia le permitió superar cada obstáculo.

Robbins comenzó con recursos limitados y una visión clara de impactar positivamente a las personas. Su enfoque en el crecimiento personal y profesional, junto con su generosidad y compromiso, le permitió construir una carrera que ha transformado la vida de millones de personas alrededor del mundo. Su historia es un testimonio de cómo el poder de una mentalidad de abundancia puede amplificar el impacto personal y profesional.

La Resiliencia de J.K. Rowling: de la Pobreza a la Fama Mundial

J.K. Rowling, la autora de la serie de Harry Potter, es otro ejemplo poderoso de la mentalidad de abundancia en acción. Rowling enfrentó años de dificultades económicas y personales antes de que su primer libro fuera publicado. A pesar de las múltiples rechazos de editores y las circunstancias adversas, Rowling mantuvo una visión clara y una determinación inquebrantable.

Su historia demuestra cómo la persistencia y la creencia en una visión más grande pueden transformar la vida. A través de su perseverancia y fe en sí misma, Rowling pasó de ser una madre soltera en dificultades a convertirse en una de las autoras más exitosas y queridas del mundo. Su éxito no solo se mide en ventas de libros, sino en el impacto cultural y el legado duradero que ha dejado.

El Crecimiento de Elon Musk: Innovación y Visión Global

Elon Musk, el fundador de Tesla y SpaceX, es conocido por su enfoque visionario y su capacidad para ver más allá de las limitaciones actuales. Desde sus inicios, Musk ha enfrentado escepticismo y dificultades significativas. Sin embargo, su mentalidad de abundancia le permitió ver el potencial donde otros solo veían riesgos.

Musk ha revolucionado varias industrias, desde la automotriz hasta la exploración espacial, desafiando las expectativas y creando nuevas realidades. Su enfoque en la innovación y el impacto positivo en el mundo demuestra cómo una mentalidad de abundancia, combinada con una visión audaz, puede llevar a logros extraordinarios.

La Historia de Oprah Winfrey: Superando la Adversidad con Generosidad

Oprah Winfrey, una de las figuras más influyentes en los medios de comunicación, ha tenido una vida marcada por la adversidad y el triunfo. Desde una infancia difícil y experiencias de pobreza, Oprah ha logrado construir un imperio mediático que no solo refleja su éxito personal, sino su compromiso con el empoderamiento y el bienestar de los demás.

Su enfoque en la gratitud y la generosidad ha sido clave en su viaje. Oprah ha utilizado su plataforma para promover causas importantes y apoyar a quienes más lo necesitan, mostrando cómo una mentalidad de abundancia no solo puede transformar la vida propia, sino también hacer una diferencia significativa en la vida de los demás.

Amancio Ortega: Cambiando el Mundo de la Moda

Amancio Ortega, uno de los hombres más ricos de España y uno de los más ricos del mundo, comenzó su carrera de manera muy humilde.

Hijo de un ferroviario, trabajó como dependiente en una tienda de ropa a una edad temprana. Su enfoque hacia la abundancia fue su capacidad de ver más allá de lo que los otros dueños de tiendas podían ver, creando un modelo de negocio basado en la moda rápida y accesible para todos.

En lugar de adoptar la mentalidad tradicional de la industria de la moda, donde el diseño y la producción eran lentos y exclusivos, Ortega decidió producir ropa de moda de alta calidad a precios asequibles y en tiempo récord. Esto lo llevó a fundar Zara en 1975. La capacidad de Ortega para ver oportunidades donde otros solo veían limitaciones es un claro ejemplo de una mentalidad de abundancia aplicada a los negocios. Hoy, Inditex, la empresa matriz de Zara, tiene más de 7,000 tiendas en todo el mundo y sigue creciendo.

Sofia Vergara: de Actriz a Inspiración de la Mujer Empresaria

Sofia Vergara, nacida en Colombia, no solo es una de las actrices mejor pagadas del mundo, sino también una exitosa empresaria. Vergara cofundó la marca de ropa interior EBY (Empowered by You), que dona una parte de sus ganancias a mujeres emprendedoras de bajos recursos en todo el mundo. Vergara vio una oportunidad no solo de generar ingresos, sino también de crear un impacto social significativo.

Lo inspirador de su historia es su transición de ser una actriz reconocida a utilizar su plataforma y mentalidad de abundancia para ayudar a otras mujeres a prosperar. Para ella, el éxito no se trataba solo de fama o dinero, sino de cómo podía utilizar su posición privilegiada para empoderar a otras personas. A través de su marca, ha demostrado que la abundancia no es solo financiera, sino también de oportunidades para todos.

Manuel Torres y su Visión Internacional

Manuel Torres, ingeniero, inventor y emprendedor español, fundó MTorres en 1975, una empresa dedicada a la automatización y soluciones para la industria aeronáutica y papelera. A lo largo de su trayectoria, ha logrado superar crisis económicas y competiciones globales, adaptando su mentalidad a los cambios de la industria y buscando siempre mejorar sus productos y servicios con una visión global.

Torres adoptó una mentalidad de abundancia al invertir en investigación y desarrollo, incluso en tiempos difíciles, apostando por la innovación y la calidad. Esta estrategia le permitió competir con gigantes internacionales y crear una empresa con presencia global. Hoy, MTorres es un referente en tecnología industrial y un ejemplo de cómo la mentalidad de expansión puede llevar a una empresa pequeña a jugar en las ligas más altas del mundo.

Adolfo Domínguez y sus Cambios de Paradigma Empresarial

Adolfo Domínguez es otro de los grandes nombres de la moda en España. En lugar de seguir las tendencias del mercado, Domínguez adoptó una visión de abundancia en su negocio al enfocarse en su propio estilo, creando prendas que eran innovadoras y fuera de lo común. Su famosa frase *"la arruga es bella"* rompió paradigmas en la industria de la moda, al promover un estilo más relajado y natural frente a la estética pulcra y rígida de la época.

Domínguez enfrentó múltiples desafíos a lo largo de su carrera, pero su capacidad para reinventarse y adoptar una visión de largo plazo lo ha mantenido como uno de los diseñadores más respetados en España. A pesar de las crisis económicas, su capacidad para adaptarse y mantener una actitud positiva hacia el crecimiento y la creación de valor le ha permitido expandir su marca a nivel internacional.

Nely Galán y Cómo su Mentalidad Cambió la Televisión

Nely Galán, nacida en Cuba y emigrada a los Estados Unidos, es una exitosa productora de televisión y empresaria que ha dedicado su vida a empoderar a las mujeres hispanas. Galán, conocida por ser la primera latina en dirigir una cadena de televisión estadounidense, fundó The Adelante Movement, una organización que impulsa a las mujeres latinas a emprender y alcanzar su independencia financiera.

Galán adoptó una mentalidad de abundancia desde el principio, buscando oportunidades no solo para sí misma, sino para ayudar a otras mujeres a crecer en el mundo empresarial. Ha escrito libros y dado charlas sobre la importancia de creer en uno mismo y nunca limitar las posibilidades. Su historia muestra cómo la abundancia no solo es personal, sino colectiva, ayudando a otros a encontrar su propio éxito.

Carlos Rodríguez y su Misión de Ayuda al Pueblo Peruano

Carlos Rodríguez-Pastor, un empresario peruano, lidera Intercorp, un conglomerado que abarca desde bancos y supermercados hasta clínicas y colegios. Aunque su fortuna está valorada en miles de millones, lo que destaca de su historia es su visión de abundancia hacia el impacto social. Rodríguez-Pastor tiene una misión clara: transformar el Perú.

Él vio más allá de simplemente hacer negocios; su enfoque ha sido crear un ecosistema completo que mejore la vida de los peruanos. Esto incluye desde reformar el sistema educativo hasta mejorar el acceso a la salud y finanzas. Para él, el verdadero éxito es cuando su país prospera con él, y ha adoptado una mentalidad de abundancia para compartir su riqueza y conocimiento con la comunidad.

Ricardo Salinas Pliego: Innovación y Diversificación

Ricardo Salinas Pliego, empresario mexicano, es uno de los hombres más ricos de América Latina. Salinas comenzó su carrera en una pequeña fábrica de muebles, que más tarde se transformó en lo que hoy conocemos como Grupo Elektra, un gigante minorista en México y otros países. También fundó TV Azteca, la segunda mayor cadena de televisión de México.

Salinas ha superado varias crisis económicas, tanto locales como internacionales, adoptando una visión de abundancia centrada en la innovación y la diversificación. A lo largo de su carrera, ha invertido en educación y en tecnología para expandir sus negocios, siempre buscando formas de agregar valor y ampliar su impacto en el país. Su compromiso con la mentalidad de abundancia también lo ha llevado a fomentar la educación financiera y el emprendimiento a través de diversas iniciativas filantrópicas, ayudando a miles de personas a mejorar sus condiciones de vida.

Rosario Dawson y Abrima Erwiah: Manteniendo las Tradiciones de sus Pueblos

La actriz Rosario Dawson, junto a su socia Abrima Erwiah, fundaron Studio 189, una marca de moda sostenible que promueve el trabajo artesanal de comunidades en Ghana. Dawson, hija de padres puertorriqueños y afrocubanos, es conocida por su carrera en Hollywood, pero su verdadera pasión es usar su plataforma para el cambio social.

Adoptando una mentalidad de abundancia, Dawson y Erwiah decidieron crear una marca que fuera más allá del simple éxito comercial. La moda de Studio 189 es producida por artesanos en África, lo que no solo genera empleos, sino que también preserva tradiciones culturales y promueve la sostenibilidad. Además, la marca tiene un enfoque de empoderamiento femenino y apoya iniciativas educativas en las comunidades donde opera. Esta historia muestra cómo la mentalidad de abundancia no solo busca generar riqueza, sino también impacto positivo en todo el ecosistema de un negocio.

Ingrid Hoffmann: Fusión de la Restauración y la Televisión

Ingrid Hoffmann, nacida en Colombia, es una chef y empresaria que ha convertido su pasión por la comida en un imperio. Hoffmann comenzó su carrera en Miami con un pequeño restaurante y pronto llamó la atención de los medios por su enfoque en la cocina latina. De allí, lanzó su propio programa de televisión, *Simply Delicioso*, y ha publicado varios libros de cocina.

Hoffmann, en lugar de limitarse a un nicho, adoptó una mentalidad de abundancia al diversificar su carrera. No solo se limitó al restaurante y la televisión, sino que también creó una línea de utensilios de cocina y productos alimenticios. Además, ha colaborado con organizaciones benéficas y de salud, promoviendo una alimentación sana entre las comunidades latinas. Su historia demuestra cómo la abundancia se puede manifestar al diversificar las oportunidades y utilizar la influencia personal para mejorar las vidas de los demás.

Jack Ma: Cambiando el Mundo del Comercio Electrónico

Jack Ma, el fundador del gigante del comercio electrónico Alibaba, proviene de un trasfondo humilde en China. Rechazado en numerosas ocasiones para empleos convencionales (incluyendo una solicitud a KFC), Ma adoptó una mentalidad de abundancia que lo llevó a aprender inglés de manera autodidacta y a fundar Alibaba en 1999. En un momento en que pocos en China creían en el poder de Internet, Ma apostó todo a su visión expansiva de conectar a las pequeñas empresas chinas con el mundo.

Hoy, Alibaba es uno de los mayores conglomerados tecnológicos del mundo, abarcando comercio electrónico, fintech, logística, y más. La historia de Ma demuestra cómo una mentalidad de abundancia permite no solo superar la adversidad, sino también crear plataformas que beneficien a millones. A lo largo de su carrera, ha sido un firme defensor de la educación, la innovación y el espíritu emprendedor, utilizando su riqueza e influencia para fomentar el desarrollo de otros emprendedores en China y alrededor del mundo.

Tony Hsieh: la Zapatería Más Grande del Mundo

Tony Hsieh, quien fue CEO de Zappos, el gigante de la venta de zapatos en línea, es un ejemplo único de cómo una mentalidad de abundancia no solo transforma una empresa, sino también la cultura empresarial en general. Antes de unirse a Zappos, Hsieh fundó y vendió LinkExchange por $265 millones, pero fue su tiempo en Zappos donde realmente dejó una marca duradera.

En lugar de centrarse solo en la venta de zapatos, Hsieh adoptó una visión de abundancia al enfocar su empresa en la cultura organizacional y la felicidad de los empleados. Bajo su liderazgo, Zappos implementó políticas innovadoras como ofrecer dinero a los empleados nuevos para que se fueran si no estaban completamente comprometidos. Hsieh creía que un entorno de trabajo feliz y colaborativo generaría resultados financieros a largo plazo, y su estrategia funcionó: Zappos fue adquirida por Amazon por $1.2 mil millones. A lo largo de su vida, Hsieh se dedicó a promover la felicidad y el bienestar en el mundo empresarial, demostrando que la verdadera abundancia comienza desde adentro.

Michael Saylor: su Visión Innovadora en Bitcoin

Saylor fundó MicroStrategy en 1989 con una visión expansiva de cómo los datos podrían transformar los negocios. La compañía se centró en la inteligencia empresarial y durante décadas prosperó bajo su liderazgo. Sin embargo, lo que hace que Saylor se destaque en términos de mentalidad de abundancia es su decisión en 2020 de apostar fuertemente por Bitcoin. Convencido de que las criptomonedas eran el futuro y una mejor reserva de valor que el dinero tradicional, Saylor dirigió MicroStrategy a invertir miles de millones de dólares en Bitcoin, algo que muchos consideraron arriesgado.

Saylor ve el mundo desde una perspectiva expansiva, en la que las tecnologías emergentes no son solo oportunidades financieras, sino una forma de transformar por completo cómo entendemos la economía global. A pesar de la volatilidad del mercado de criptomonedas, ha sido un firme defensor de su visión, destacando que una mentalidad de abundancia no implica la falta de riesgos, sino la capacidad de ver más allá de las limitaciones inmediatas y apostar por el futuro.

Steve Jobs: Reinvención de una Industria

Steve Jobs, cofundador de Apple Inc., es uno de los empresarios más icónicos del mundo, conocido por su capacidad para reinventar industrias enteras. Jobs, quien fundó Apple junto a Steve Wozniak en 1976, vivió una carrera llena de altibajos, desde su éxito inicial con la Apple

II y la Macintosh, hasta su despido de la propia compañía que había fundado en 1985.

Sin embargo, es en esta fase de su vida donde la mentalidad de abundancia de Jobs se hizo más evidente. Después de ser despedido de Apple, en lugar de sentirse derrotado, Jobs fundó NeXT, una compañía de software y hardware, y adquirió Pixar, un pequeño estudio de animación que luego revolucionaría la industria del cine con películas como Toy Story. Jobs demostró que, incluso en medio de la adversidad, siempre hay oportunidades para la innovación y el éxito si se tiene una visión expansiva.

En 1997, cuando Apple estaba en problemas financieros, Jobs fue llamado de vuelta a la empresa que había cofundado. Su regreso marcó el inicio de una de las mayores transformaciones en la historia empresarial. Bajo su liderazgo, Apple lanzó productos que cambiaron el mundo, como el iMac, el iPod, el iPhone, y el iPad. Jobs no solo revolucionó la industria de la computación, sino también la música, el cine y las comunicaciones móviles, adoptando siempre una mentalidad de abundancia al creer que la tecnología tenía el potencial de mejorar la vida de las personas de formas que nadie había imaginado.

Jobs también fue un maestro en la integración del diseño y la tecnología, fusionando lo estético con lo funcional, lo que le permitió crear productos que no solo eran útiles, sino también deseables. Su famoso lema, *"stay hungry, stay foolish"* (mantente hambriento, mantente alocado), refleja su enfoque de la vida: *nunca conformarse, siempre buscar más y ver el mundo lleno de oportunidades para la innovación.*

A pesar de su fallecimiento en 2011, el impacto de Jobs sigue siendo enorme. Apple continúa siendo una de las empresas más valiosas del mundo, y su enfoque hacia la tecnología centrada en el usuario ha dejado un legado duradero que sigue influyendo en la industria tecnológica global.

Reflexiones Sobre Estas Historias Inspiradoras

Estas historias no solo destacan los logros extraordinarios de estos emprendedores, sino que también ilustran cómo la mentalidad de abundancia puede ser un catalizador para el éxito. En "Camino a la Abundancia", has aprendido cómo aplicar estos principios a tu propia vida y negocio, inspirándote en estas historias para superar tus propios desafíos y alcanzar el éxito. La verdadera abundancia surge cuando transformas tu visión, te mantienes firme en tus creencias y actúas con propósito y generosidad. ¡Tu propia historia de éxito está esperando ser escrita!

Cada uno de estos emprendedores no solo ha tenido éxito financiero, sino que ha adoptado una visión de abundancia que les ha permitido superar los desafíos. Algunas lecciones clave que puedes aprender son:

- Ver oportunidades en cada desafío: La capacidad de encontrar el potencial oculto donde otros ven limitaciones.

- Impacto social: Muchos de estos emprendedores han utilizado su éxito no solo para beneficiarse personalmente, sino también para empoderar a sus comunidades.

- Resiliencia: Cada uno de ellos ha enfrentado crisis y momentos de incertidumbre, pero una mentalidad de abundancia les permitió seguir adelante y adaptarse.

- Diversificación y adaptación: Muchos de estos emprendedores se han expandido a diferentes sectores y mercados, aprovechando oportunidades nuevas y emergentes.

- Innovación como clave del éxito: La mentalidad de abundancia impulsa a estos emprendedores a ser innovadores y no conformarse con lo establecido, creando productos y servicios que transforman industrias enteras.

- Crecimiento más allá del éxito financiero: El éxito verdadero, según muchos de estos ejemplos, no solo implica ganar dinero, sino también crear valor duradero para las comunidades, empleados y el mundo.

- <u>Visionarios de largo plazo:</u> Estos emprendedores fueron capaces de ver más allá de las limitaciones inmediatas de sus industrias y se enfocaron en el futuro.

"Las historias de estos emprendedores son faros que iluminan el camino hacia la abundancia; nos enseñan que cada desafío es una oportunidad y que, con determinación y creatividad, todos podemos desbloquear nuestro máximo potencial."

ÚLTIMAS PALABRAS

CAMINO A LA ABUNDANCIA

Querido lector, al llegar al final de este viaje juntos, quiero dedicar un momento para expresar mi más sincero agradecimiento. Has invertido tu tiempo y tu energía en explorar mi libro "Camino a la Abundancia", y espero que cada página te haya ofrecido no solo inspiración, sino también herramientas prácticas y valiosas para tu propio camino hacia el éxito.

Es fácil quedar atrapado en la rutina diaria y en las dificultades que vienen con el emprendimiento. Sin embargo, recordar la fórmula de abundancia y aplicar los principios que hemos explorado puede ser el cambio que necesitas para ver las oportunidades en lugar de los obstáculos, y para transformar tu visión de lo posible en lo real.

Sé que este camino no siempre es fácil. Habrá momentos de duda, desafíos imprevistos y días en los que el camino parece más incierto que nunca. Pero recuerda, cada desafío es una oportunidad disfrazada, cada obstáculo es una invitación a crecer y cada pequeño paso hacia adelante es una victoria en sí misma. Cuando encuentres un desafío pregúntate: *¿qué viene a enseñarme esta situación?* Recuerda que de los imprevistos sacamos los mejores aprendizajes.

Espero que al cerrar este libro, te sientas empoderado para tomar decisiones audaces, para seguir soñando en grande y para actuar con valentía. La abundancia no es solo un destino, es una forma de vivir, una mentalidad que transforma lo ordinario en extraordinario. Te animo a que sigas cultivando esta mentalidad que te hace especial, a que continúes aprendiendo y a que nunca pierdas de vista tus metas y sueños.

Tu camino hacia el éxito es único, y cada paso que tomas te acerca más a la vida que imaginas. Estoy profundamente agradecido por haber sido parte de este capítulo en tu historia. Mi deseo más sincero es que encuentres la abundancia en cada rincón de tu vida, que tus esfuerzos sean fructíferos y que tu espíritu se mantenga siempre inspirado.

Gracias por permitirme acompañarte en este viaje. Te deseo lo mejor en cada uno de tus emprendimientos y en todas las facetas de tu vida. Sigue adelante con confianza, coraje y una mentalidad de abundancia.

Para terminar, un último favor, si te he aportado valor y este libro ha cumplido su función de darte claridad en tu camino hacia la abundancia, te estaría muy agradecido que dejaras tu testimonio en la plataforma donde hayas adquirido el libro. De esta forma me ayudarías enormemente a expandir mi mensaje y a llegar a más emprendedores que desean alcanzar el éxito.

¡Mil gracias por tu ayuda! De todo corazón. Y ahora sí, me despido con gratitud y admiración por donde has llegado,

Tu amigo, Javier Cordero

¿CONECTAMOS?

Te invito a conectar conmigo a través de las siguientes vías. Será un verdadero placer tenerte entre mis contactos.

- Sitio web: www.javiercordero.com
- Email: hola@javiercordero.com

Redes Sociales

- LinkedIn: www.javiercordero.com/linkedin
- Instagram: www.javiercordero.com/instagram
- Facebook: www.javiercordero.com/facebook
- X (Twitter): www.javiercordero.com/x

SOBRE JAVIER CORDERO

CAMINO A LA ABUNDANCIA

Javier Cordero es un reconocido experto en desarrollo personal y empresarial, con una trayectoria destacada que lo posiciona como una autoridad en la creación de una mentalidad de abundancia y éxito. Con más de dos décadas de experiencia en el mundo de los negocios, Javier ha transformado la vida de miles de emprendedores y empresarios a través de sus innovadoras estrategias y enfoques inspiradores.

Además de ser un emprendedor exitoso, Javier es un consultor solicitado y un comunicador apasionado. Ha impartido conferencias y talleres en importantes eventos y empresas a nivel nacional e internacional, compartiendo sus conocimientos y experiencias con una audiencia diversa. Su enfoque único y accesible para abordar el éxito empresarial ha resonado con emprendedores de todos los niveles, desde los que están comenzando hasta los que buscan elevar su éxito a nuevas alturas.

Javier Cordero es también el autor de varios libros superventas sobre desarrollo personal y empresarial, los cuales han sido aclamados por su claridad, profundidad y aplicabilidad práctica. Su habilidad para traducir conceptos complejos en estrategias tangibles y efectivas lo ha convertido en una figura respetada en el ámbito del coaching y la formación empresarial.

Otros Libros Javier Cordero

- Conquista Tu Mercado. 31 Leyes Inquebrantables de Marketing para alcanzar el éxito empresarial. Más información: www.javiercordero.com/ctm

- Copywriting para Consultores. Guía práctica para promocionar y vender tus servicios y formaciones con textos que vendan. Más información: www.javiercordero.com/cpc

- Marketing Digital para Consultores. Guía práctica para promocionar y vender en Internet tus servicios y formaciones con éxito. Más información: www.javiercordero.com/mdpc

- Email Marketing para Consultores. Guía práctica para promocionar y vender tus servicios y formaciones con estrategias de email marketing de alto impacto. Más información: www.javiercordero.com/empc

www.ingramcontent.com/pod-product-compliance
Lightning Source LLC
Chambersburg PA
CBHW020656220526
45464CB00001B/452